低碳智库译丛

"十三五"国家重点图书出版规划项目

CLIMATE CHANGE AND THE ENERGY PROBLEM
Physical Science and Economics Perspective

David Goodstein
Michael Intriligator

气候变化与能源问题

从自然科学与经济学视角

（美）戴维·古德斯坦　迈克尔·英特里利盖托　著

王海林 译　王有强 审校

东北财经大学出版社
Dongbei University of Finance & Economics Press　　大连

辽宁省版权局著作权合同登记号：06-2016-262

图书在版编目（CIP）数据

气候变化与能源问题：从自然科学与经济学视角 /（美）戴维·古德斯坦（David Goodstein），迈克尔·英特里利盖托（Michael Intriligator）著；王海林译.一大连：东北财经大学出版社，2018.1
（低碳智库译丛）
ISBN 978-7-5654-2986-6

Ⅰ．气⋯　Ⅱ．①戴⋯ ②王⋯　Ⅲ．气候变化-影响-能源经济-研究　Ⅳ．①P467 ②F407.2

中国版本图书馆CIP数据核字〔2017〕第278490号

东北财经大学出版社出版发行
　大连市黑石礁尖山街217号　邮政编码　116025
　网　　址：http：//www．dufep．cn
　读者信箱：dufep @ dufe．edu．cn
大连永盛印业有限公司印刷

幅面尺寸：170mm×240mm　字数：78千字　印张：7.25
2018年1月第1版　　　　　2018年1月第1次印刷
责任编辑：李　季　王　斌　责任校对：那　欣
封面设计：冀贵收　　　　　版式设计：钟福建
定价：29.00元

教学支持　售后服务　　联系电话：（0411）84710309
版权所有　侵权必究　　举报电话：（0411）84710523
如有印装质量问题，请联系营销部：（0411）84710711

气候变化是当前人类面临的最大威胁，危及地球生态安全和人类生存与发展。采取应对气候变化的智慧行动可以推动创新、促进经济增长并带来诸如可持续发展、增强能源安全、改善公共健康和提高生活质量等广泛效益，增强国家安全和国际安全。全球已开展了应对气候变化的合作进程，并确立了未来控制地表温升不超过2℃的目标。其核心对策是控制和减少温室气体排放，其中主要是化石能源消费的CO_2排放。这既引起新的国际治理制度的建立和发展，也极大地推动了世界范围内能源体系的革命性变革和经济社会发展方式的转变，低碳发展已成为世界潮流。

自工业革命以来，发达国家无节制地廉价消耗全球有限的化石能源等矿产资源，完成了工业化和现代化进程。在创造其当今经济社会高度发达的"工业文明"的同时，也造成世界范围内化石能源和金属矿产资源日趋紧缺，并引发了以气候变化为代表的全球生态危机，付出了严重的资源和环境代价。在全球应对气候变化减缓碳排放背景下，世界范围内正在掀起能源体系变革和转型的浪潮。当前以化石能源为支柱的传统高碳能源体系，将逐渐被以新能源和可再生能源为主体的新型低碳能源体系所取代。人类社会的经济发展不能再依赖地球有限的矿物资源，也不能再过度侵占和损害地球的环境空间，要使人类社会形态由当前不可持续的工业文明向人与自然相和谐、经济社会与资源环境相协调和可持续发展的生态文明的社会形态过渡。

应对气候变化，建设生态文明，需要发展理念和消费观念的创新：要由片面追求经济产出和生产效率为核心的工业文明发展理念转变到人与自然、经济与环境、人与社会和谐和可持续发展的生态文明的发展理念；由过度追求物质享受的福利最大化的消费理念转变为更加注重精神文明和文化文明的健康、适度的消费理念；不再片面地追求 GDP 增长的数量、个人财富的积累和物质享受，而是全面权衡协调经济发展、社会进步和环境保护，注重经济和社会发展的质量和效益。经济发展不再盲目向自然界摄取资源、排放废物，而要寻求人与自然和谐相处的舒适的生活环境，使良好的生态环境成为最普惠的公共物品和最公平的社会福祉。高水平的生活质量需要大家共同拥有、共同体验，这将促进社会公共财富的积累和共享，促进世界各国和社会各阶层的合作与共赢。因此，传统工业文明的发展理论和评价方法学已不能适应生态文明建设的发展理念和目标，需要发展以生态文明为指导的发展理论和评价方法学。

政府间气候变化专门委员会（IPCC）第五次评估报告在进一步强化人为活动的温室气体排放是引起当前气候变化的主要原因这一科学结论的同时，给出全球实现控制温升不超过 2℃ 目标的排放路径。未来全球需要大幅度减排，各国经济社会持续发展都将面临碳排放空间不足的挑战。因此，地球环境容量空间作为紧缺公共资源的属性日趋凸显，碳排放空间将成为比劳动力和资本更为紧缺的资源和生产要素。提高有限碳排放空间利用的经济产出价值就成为突破资源环境制约、实现人与自然和谐发展的根本途径。广泛发展的碳税和碳市场机制下的"碳价"将占用环境容量的价值显性化、货币化，将占用环境空间的社会成本内部化。"碳价"信号将引导社会资金投向节能和新能源技术，促进能源体系变革和经济社会低碳转型。能源和气候经济学的发展越来越关注"碳生产率"的研究，努力提高能源消费中单位碳排放即占用单位环境容量的产出效益。到2050年世界GDP将增加到2010年的3倍左右,而碳排放则需要减少约50%,因此碳生产率需要提高6倍左右,年提高率需达4.5%以上,远高于工业革命以来劳动生产率和资本产出率提高的速度。这需要创新的能源经济学和气候经济学理论来引导能源的革命性变革和经济发展方式的变革,从而实现低碳经济的发展路径。

经济发展、社会进步、环境保护是可持续发展的三大支柱,三者互相依存。当前应对气候变化的关键在于如何平衡促进经济社会持续发展与管理气候风险的关系。气候变化使人类面临不可逆转的生态灾难的风险,而这种风险的概率和后果以及当前适应和减缓行动的效果都有较大的不确定性。国际社会对于减排目标的确立和国际制度的建设是在科学不确定情况下的政治决策,因此需要系统研究当前减缓气候变化成本与其长期效益之间的权衡和分析方法;研究权衡气候变化的影响和损害、适应的成本和效果、减缓的投入和发展损失之间关系的评价方法和模型手段;研究不同发展阶段国家的碳排放规律及减缓的潜力、成本与实施路径;研究全球如何公平地分配未来的碳排放空间,权衡"代际"公平和"国别"公平,从而研究和探索经济社会发展与管控气候变化风险的双赢策略。这些既是当前应对气候变化的国际和国别行动需要解决的实际问题,也是国际科学研究的重要学术前沿和方向。

当前,国际学术界出现新气候经济的研究动向,不仅关注气候变化的影响与损失、减排成本与收益等传统经济学概念,更关注在控制气候风险的同时实现经济持久增长,把应对气候变化转化为新的发展机遇;在国际治理制度层面,不仅关注不同国家间责任和义务的公平分担,更关注实现世界发展机遇共享,促进各国合作共赢。理论和方法学研究在微观层面将从单纯项目技术经济评价扩展到全生命周期的资源、环境协同效益分析,在宏观战略层面将研究实现高效、安全、清洁、低碳新型能源体系变革目标下先进技术发展路线图及相应模型体系和评价方法，在国际层面将研究在"碳价"机制下扩展先进能源技术合作和技术转移的双赢机制和分析方法学。

我国自改革开放以来，经济发展取得举世瞩目的成就。但快速增长的能源消费不仅使我国当前的CO_2排放已占世界1/4以上，也是造成国内资源趋紧、环境污染严重、自然生态退化严峻形势的主要原因。因此，推动能源革命，实现低碳发展，既是我国实现经济社会与资源环境协调和可持续发展的迫切需要，也是应对全球气候变化、减缓CO_2排放的战略选择，两者目标、措施一致，具有显著的协同效应。我国统筹国内国际两个大局，积极推动生态文明建设，把实现绿色发展、循环发展、低碳发展作为基本途径。我国自"十一五"以来制定实施并不断强化积极的节能和CO_2减排目标及能源结构优化目标，并以此为导向，促进经济发展方式的根本性转变。我国也需要发展面向生态文明转型的创新理论和分析方法作为指导。

先进能源的技术创新是实现绿色低碳发展的重要支撑。先进能源技术越来越成为国际技术竞争的前沿和热点领域，成为世界大国战略必争的高新科技产业，也将带来新的经济增长点、新的市场和新的就业机会。低碳技术和低碳发展能力正在成为一个国家的核心竞争力。因此，我国必须实施创新驱动战略，创新发展理念、发展路径和技术路线，加大先进能源技术的研发和产业化力度，打造低碳技术和产业的核心竞争力，才能从根本上在全球低碳发展潮流中占据优势，在国际谈判中占据主动和引导地位。与之相应，我国也需要在理论和方法学研究领域走在前列，在国际上发挥积极的引领作用。

应对气候变化关乎人类社会的可持续发展，全球合作行动关乎各国的发展权益和国际义务。因此相关理论、模型体系和方法学的研究非常活跃，成为相关学科的前沿和热点。由于各国研究机构背景不同，思想观念和价值取向不同，尽管所采用的方法学和分析模型大体类似，但各自对不同类型国家发展现状和规律的理解、把握和判断的差异，以及各自模型运行机理、参数选择、政策设计等主观因素的差异，特别是对责任和义务分担的"公平性"的理念和度量准则的差异，往往会使研究结果、结论和政策建议产生较大差别。当前在以发达国家研究机构为主导的研究结果和结论中，往往忽略发展中国家的发展需求，高估了发展中国家减排潜力而低估了其减排障碍和成本，从而过多地向发展中国家转移减排责任和义务。世界各国因国情不同、发展阶段不同，可持续发展优先领域和主要矛盾不同，因此各国向低碳转型的方式和路径也不同。各国在全球应对气候变化目标下实现包容式发展，都需要发展和采用各具特色的分析工具和评价方法学，进行战略研究、政策设计和效果评估，为决策和实施提供科学支撑。因此，我国也必须自主研发相应的理论框架、模型体系和分析方法学，在国际学术前沿占据一席之地，争取发挥引领作用，并以创新的理论和方法学，指导我国向绿色低碳发展转型，实现应对全球气候变化与自身可持续发展的双赢。

　　本译丛力图选择翻译国外最新、最有代表性的学术论著，便于我国相关科技工作者和管理干部掌握国际学术动向，启发思路，开阔视野，以期对我国应对全球气候变化和国内低碳发展转型的理论研究、政策设计和战略部署有参考和借鉴作用。

何建坤

2015 年 4 月 25 日

↘ 前　言

　　我们深信，能源和气候变化相关问题是我们当今世界所面临的两个最为重要的问题。要解决这些错综复杂的问题，必须依靠环境科学的发展，要进一步整合自然科学和经济学这两个学科。这也是编写本书的初衷。

　　我们面对着这样的事实：当今一些杰出人士一再宣称，上述的能源和气候变化两大问题完全不是问题。在这些杰出人士当中，有一部分人直接影响公众的认知和公共政策的制定，他们不仅声称能源枯竭的威胁并不存在，而且也拒绝承认大气中累积的二氧化碳和其他温室气体排放是导致如此严重的气候变化问题的根本原因。但是我们深深知道，能源危机和气候变化这两大问题不仅真实存在，而且形势日益严峻，迫切需要我们积极地采取行动。本书的主要内容就是对这些问题进行分析，并力争提出解决方案。为使本书更加通俗易懂，也为了让广大学生和普通公众能够从跨学科的视角来理解和认识这些问题，本书尽可能避免使用专业术语。

　　我们当前所使用的化石燃料正面临枯竭。在我们赖以生存的地球上，石油资源仅能够再维持使用几十年，包括天然气在内的其他化石燃料所能维持的时间也相当有限。翔实的科学证据表明，当前以及未来，温室气体正在并将继续通过全球变暖和其他气候事件的形式对地球系统产生可观测的负面影响。我们寄希望于缔约方大会（COP大会），如东京都、哥本哈根和坎昆气候大会等，希望通过政府间的协商来解决这些问题，但实际的效果甚微，就如给重症病人贴了一张创可贴一样；现实中，COP大会所达成的协议几乎没有任何的约束力，经常被单方撕毁而不再遵守。基于此，我们提议采用基于程序的广泛协商的解决方案，用这个建设性的方案来实现替代能源的科技突破。

纵观历史，从巨大玛雅城邦到中世纪格陵兰岛定居点，人类社会的历史充分证明了人类"掠夺"的能力——人类靠掠夺资源富庶的民众而生存。古代气候研究告诉我们，存在 40 多亿年的地球曾经经历过巨大的气候剧变；但人类也仅在最近的 200 年，才拥有影响全球范围气候变化的能力。人类是地球真正的守护者，我们当前的职责就是要认真地面对我们所忽视的过去，运用科学和技术，在满足我们自身能源需求的同时，更好地保护我们脆弱的和珍贵的地球生态系统。

在本书中，我们从科学的视角看待气候变化和燃烧化石燃料二者的关系，从历史的角度看待能源生产和消费的关系。我们认真地研究经济学方法和社会学方法，使得保护和使用我们的地球能源资源更有效率、更有建设性。我们倡导通过进一步的国际重大合作，在发展新能源、建立稳健的能源体系、发展替代能源等领域系统地实现科技突破，以此来满足世界日益增长的能源需求。当然，所需要的这些国际努力，规模上或许与曼哈顿计划或阿波罗计划不相上下。

这些目标的实现，需要政治上的智慧和勇气，经济上的创新和应用，以及科学技术上的大胆创新和创造力一同来推进。我们认为，这其中"时间"是最为重要的。只有迅速的、持续的、协调一致的行动，才能够减少常规的、不可持续的、日益增加的化石燃料所产生的破坏，为实现一个拥有替代能源的未来带来希望。我们也希望本书能够为读者朋友提供一个挑战与收获并存的阅读体验。

在本书的最后一章中进一步探讨了聚集优秀的科学家、社会学家以及政策和研究领域的工程师团队来共同应对这一问题。迄今为止，人们所提出的一些气候变化和能源问题的解决方案所发挥的作用十分有限，未来解决这一问题的推动力或许会来自政治家和科学领袖。我们也在这一章中介绍了一些研究领域已开展的团队工作。

　　我们最重要的目标就是要放弃使用煤炭——尽管煤炭当前仍然是世界范围内广泛用于发电的化石燃料。我们认为，根本没有所谓的"清洁煤炭"这回事儿，"清洁煤炭"仅仅是工业界提出的一个概念而已。在中国、美国和欧盟等国家或地区，碳税将大大有助于减少煤炭的使用，促进新的薄膜太阳能板、生物质发电系统，以及水电系统等技术的进一步改善。所有这些技术都将是减少温室气体排放的技术革新这一伟大创举中的一部分，但仍需假以时日。

↘ 目　录

第1章

能源科学与全球变暖

以传统生产方式生产的廉价石油，即将在全球范围内消耗殆尽。2010年发生的墨西哥湾漏油事件表明，深水钻井以及危险地区钻井开采石油的技术也存在相当大的风险。我们当前大量使用的石油资源，是地球经历千百万年才逐渐形成的，而仅仅在最近的150多年时间里，人类就已经消耗了一半的已知石油资源，照此发展，我们将在不久的将来把全部的石油资源消耗殆尽。

要缓解石油短缺，我们可以转向使用煤炭和天然气这两种化石燃料，可是如果我们继续按以往的生活方式生活下去的话，那么所有的这些化石能源在21世纪末也将消耗殆尽。如果这一切真的发生了，到那时我们的地球将不再适合人类生存。有一种可能的方式能够延续我们的文明，那就是我们的生活方式不再依赖化石燃料。

仅从技术角度来看，不依靠化石燃料的生活方式是完全可以实现的。发电厂完全可以使用核能作为燃料，即便核能也全部用完，我们还有太阳能及风能和水能等可再生能源。我们可以用这些能源中的一部分来生产交通部门使用的氢燃料，或者直接为电动汽车提供电力。尽管这其中还有很多技术问题亟待解决，但我们目前已经掌握了大部分问题的科学原理，而且我们也十分擅长解决这类技术问题。事实上，只要我们愿意这样做，我们完全可以从现在就开始尝试放弃使用化石燃料，保护我们的地球气候系统不再受到威胁，也给我们的子孙后代留存一部分的化石燃料作为化学原料。我们当前使用的有机化学品中，90%以上都用石油作为原材料，涉及制药、农业化学以及塑料等。将化石燃料留作原材料使用而不是用于直接燃烧，这是一种十分明智的做法。

想要彻底改变使用化石燃料的现状，这需要远见与勇气并存的全球政治领导力，而实际上我们相差甚远。几十年前，市面上刚刚出现一些类似书籍的时候，并没有太多的人来关心这个问题；可是现在，几乎每一个人都口头承诺着去行动，而实际上几乎没有一点儿的改变。

在所有的化石燃料中，目前为止石油对我们最为重要。我们对石油的认知，最早来自于石油在一些地表部分的自然渗透。在较早的古代时期，生活在中东和美国地区的人们，曾将石油用于医疗、军事以及其他多个方面——石油也曾作为有效的泻药而闻名（请不要在家里尝试）；波斯人在公元前480年围攻雅典城邦的战役中，也曾使用石油浸泡过的弓箭作为武器。总体上，19世纪以前人类对石油的需求和使用量都很少。

19世纪以前，全世界照明方式几乎没有任何改变。直到19世纪初期，城市中心的日益扩张促使人们进一步寻找更好的照明替代方式。一段时间内，鲸鱼油成为照明的绝佳材料，捕鲸业也随之成为重要的工业。到了19世纪中期，捕鲸业的迅速发展使得鲸鱼数量日益稀缺，煤制煤油应运而生，并替代鲸鱼油广泛用于照明。1859年8月，纽约和纽黑文铁路前列车员埃德温·L.德雷克（Edwin L. Drake），在宾夕法尼亚西北部的泰特斯维尔地区成功地钻出了世界上第一口油井。之后，煤-油精炼厂大量开采廉价的石油，石油在照明和润滑中得到广泛的使用，并一步步取代煤炭。

1861 年，德国企业家尼古拉斯·奥托（Nikolaus Otto）发明了世界上第一台汽油机，这也是我们今天小汽车引擎动力的前身；自此之后，石油作为燃料的需求不断增长。在短短几十年的时间里，世界各地不断发现石油并对其进行开采。自从埃德温·L. 德雷克钻了世界上第一口油井开始，全世界开发了大约 5 万个油田，大部分油田的开发规模都比较小，其中 40 个大油田的石油产量占全球石油总产量的一半以上。

20 世纪 50 年代，壳牌石油公司（Shell Oil Company）的地质学家马里恩·K. 哈伯特（Marion King Hubbert）提出石油相关的预测，即美国油井的石油开采量将在 1970 年左右达到顶点，之后将快速下降。在当时，他的预测并没有得到同行们的关注和认可，但他预测的结果实实在在地发生了。1970 年，美国石油的开采出现峰值，石油日产量为 900 万桶/天，之后开始减少。当前美国石油的日开采量也仅为 500 多万桶/天的水平。石油公司现在仍然使用马里恩·K. 哈伯特的方法来对已有油田的未来产量进行预测。

最近，一些石油地质学家运用哈伯特的方法对全球石油进行预测。哈伯特本人也曾做过相关预测，预测结果显示 2000 年左右世界石油将出现哈伯特顶点。其他一些地质学家运用不同的假设和不同的数据也进行了相关预测，其结果与哈伯特预测的结果十分接近。全世界易开采石油的哈伯特顶点将很快到来，很可能就发生在这个 10 年当中。一些德高望重的地质学家并不赞同这一观点，对哈伯特顶点预测的数据也提出了诸多质疑。尽管如此，哈伯特的追随者们揭示了这其中的一个重要规律——世界范围内的原油以及其他一些矿产资源供给，都符合从零到峰值，且峰值后将持续下降这样的规律；危机发生在石油供给达到顶点的时候，并不是我们用尽最后一滴石油的时候。因为峰值之后的石油开采量将逐渐下降，不能够满足我们日益增长的石油需求。

有些人宣称，全世界所拥有的石油储备足可支撑地球一个世纪或者更长时间的使用，这个观点一定是弄错了。当我们使用了一半以上的易开采的石油——大自然馈赠给我们的礼物——的时候，哈伯特顶点就会到来，而实际将会比这来得更快。当石油供给的哈伯特顶点出现的时候，新增的石油需求和日益减少的石油供给之间的冲突日益严峻，灾难便随之发生。我们曾在1973年经历过一次人为的石油短缺，这次石油短缺是由中东的一些产油国减少对美国的石油供给所造成的，其产生的直接后果就是美国加油站前排起了长长的队伍，美国人对未来的生活充满了绝望。当世界范围内石油供给哈伯特顶点到来的时候，石油短缺将不再是临时、人为的短缺了。

也有一些人从这其中看到了一丝希望。自从工业革命以来，我们持续消耗化石能源，源源不断地将产生的二氧化碳和其他温室气体排放到大气当中，已经造成并且正在不断加速全球气温的升高。哈伯特顶点的理论可以帮助我们阻止地球家园的进一步破坏吗？

地球上的气候是由地球上生命体自身创造的，较为脆弱且相对稳定。初等生物负责为大气补充氧气，它们将大量的碳元素以煤和其他化石燃料的形式进行沉淀。如果在哈伯特顶点到来之时我们依旧大量燃烧煤炭的话——地球上拥有智能生命的我们不断地把碳和氧气转变成为二氧化碳——我们将无法精确地预测地球气候系统将会受到何种程度的影响。存在的一种可能性就是，我们的地球将处于一个完全不同的状态。太阳系中的金星就是因为温室效应失控而处在这样的一个状态，温室效应导致金星表面的温度非常之高，足以将铅融化。我们肩负着避免类似事情在地球上发生的艰巨使命。

一些经济学家声称，完全不需要担心石油会消耗殆尽，假使这一刻真的到来，日益上涨的石油价格将促使石油替代物具有更大的经济竞争力。然而，经济学家们并不能够告诉我们，这些具有经济竞争力的石油替代物具体为何物。在这个广袤的大地上，似乎没有任何燃料能够完全替代廉价的石油。我们在1973年的石油短缺中看到，石油短缺所造成的影响是如此直接和猛烈。仅就美国而言，整个美国每一天就要消耗200万桶的石油，要取代这些石油，仅在生产、分配以及消费等环节完善基础设施就得需要几年甚至是几十年。

如果廉价石油短缺一旦发生，其产生的一个确定影响就是急剧的通货膨胀。包括汽油在内的所有石油化工制品价格将快速增长，这将导致物品的运输成本增加，进一步将导致严重的经济威胁。未来或许会出现的一个更为严重的威胁，那就是我们无法用任何燃料来替代全世界最广泛使用的石油资源，这是我们都不愿意看到的一个未来。

上文我们一直谈论的都是廉价的、易开采的石油资源。当然，我们也有其他种类的石油资源，包括重油、焦油砂、油砂以及深海海底石油等。尽管这些石油资源也有可能形成规模化的供给，但目前来看，它们的开采很困难，而且开采的成本也都很高。

例如，加拿大的亚伯达省拥有巨大的焦油砂储量，也因油砂吸引大量投资而闻名。油砂这种固态沉淀燃料需要进行露天开采，这也将对环境造成巨大的影响。由于油砂的油富集度较低，必须加氢处理才能够蒸馏制造汽油，两吨的矿砂仅能够制造一加仑的汽油替代物。因此，亚伯达省拥有一些世界上最大的甲烷制氢工厂。尽管加拿大拥有丰富的汽油替代燃料资源，但仍无法在石油资源枯竭之前全面替代廉价的石油资源。

近海深水石油开采也存在严重的问题和危险，2010年墨西哥湾漏油事件就是活生生的一个案例。核电方面，由于核电厂建设成本高、使人畏惧、颇具争议，美国已经好多年没有修建核电站了，一些国家（如意大利）也宣布完全放弃发展核电。日本福岛第一核电站事故的发生也给核电发展笼罩了一层阴影。当石油危机真正发生之时，反对核能的声音或许将会大大减弱，但新建核电站从建设到正式投入使用的时间周期至少需要十几年甚至几十年的时间（美国正在考虑新建20个核电站）。另外，由于核燃料具有放射性，核燃料被严格地限制在核电站中使用，并不能简单地全面替代石油来使用。当然，我们也可以转向使用煤炭和天然气，但是如果我们大量使用煤炭和天然气的话，几代人之后，我们不仅将地球赠予给我们的化石能源全部消耗殆尽，而且对地球气候系统造成的破坏也将远远超出我们的想象。

为了我们光明的未来，我们就要学会依靠核能、太阳能来生活。我们有足够的智慧和能力这样做吗？我们能够利用这些能源资源支撑我们丰富多彩的现代文明吗？

这是一个复杂的问题，对这一问题的回答既要充分考虑社会和政治因素，也要运用我们积累的自然科学和经济学知识。在无法改变的自然规律面前，我们只能寄希望于明智地修订人类的法律。本书最主要的目的就是向非专业的人士概要地阐述大自然给我们提供的机遇和挑战，只有我们熟谙所面临的机遇与挑战，我们才能够智慧前行。

第2章

能源市场结构和管理结构

今天，每一个经济体都认为能源是至关重要的资源，不论是西欧、北美、澳洲的发达国家，还是中国、印度等新兴的经济体。正如上一章所提到的那样，广大居民依靠这些可获得的能源来提供、维持以及改善他们的生活品质。因此，能源价格以及能源可获得性的变化，将对地球环境、人民生活、经济增长以及经济中的方方面面产生重要的影响。

在1973年OPEC石油禁运之前（下文有更为详细的阐述），能源问题对现代生产和生活产生重要影响的问题并没有得到足够的重视。例如，美国的能源价格非常低，这使得美国人认为，这些容易获得的能源价格理所当然就应该是这样一个低水平。尽管这之前也曾出现过一些能源问题的征兆，但都没有能够引起足够的重视。那些对能源问题反响较为强烈的声音被认为是卡桑德拉①，不能被石油公司和政府部门所采纳。OPEC石油禁运发生之后，美国的油价在1973—1975年间增长了4倍。之后1979年的伊朗伊斯兰革命终结了伊斯兰国家与

---

① Cassandras，卡桑德拉，指不为人所信的吉凶预言者。

美国的长期同盟关系，由伊朗国王领导的再一次石油供给缩减，造成世界石油价格的又一轮飙升。下面列举一下油价变化的一组数字：1973年石油禁运之后，石油价格每桶增加了5.5美元，从4美元/桶涨到9.5美元/桶。当时美国每天消耗的石油量大约是1 730万桶，这也意味着，增加的石油收益金每年高达350亿美元，占GNP的2.5%。1979年的石油价格大幅上涨，每桶增长了21美元，相当于每年美国公民额外缴纳1 440亿美元的石油收益金，占GNP的6.5%。这些事件最终促使美国和西方世界的政府与公众认识到能源短缺的问题以及能源危机对未来的潜在破坏问题。当前，美国本土48个州的石油产量也已经出现了哈伯特预测的1970年的"顶点"。近年来，广大公众更加积极地关注能源政策问题和环境相关问题，这也是本书所关心的核心内容。

几乎所有的能源产品都具有寡头这样的市场结构特点，即市场上只有少数几家主导的生产者，而存在大量的小型生产者以及足够多的消费者。经济学家将这种有一个或者几个卖家而有大量买家的市场结构称为寡头（Oligopoly）。在石油行业中，石油冶炼、运输以及分配的市场常常被少数几个跨国石油公司的"巨头们"所控制，例如，BP（英国石油公司）、雪弗龙（Chevron）、埃克森美孚公司（Exxon-Mobil）、康菲公司（ConocoPhillips）、壳牌（Shell）、埃尼公司（Eni）、道达尔（Total S.A.），以及其他一些"巨头"和"独立联盟"。从石油钻井到市场销售，这些巨头们掌控着石油行业的方方面面。

在石油储备方面，当前几乎所有的大型石油储备全都控制在国家石油公司的手里。这些国家石油公司储量规模由大到小依次为：伊朗国家石油公司（National Iranian Oil Company）、沙特阿拉伯石油公司（The Saudi Arabian Oil Company）、塔卡尔石油公司（The Qatar General Petroleum Corporation）、伊拉克国家石油公司（The Iraq National

Oil Company)、委内瑞拉石油公司（Petroleos de Venezuela S.A.）、阿布扎比国家石油公司（The Abu Dhabi National Oil Company）、科威特石油公司（The Kuwait Petroleum Corporation）、尼日利亚国家石油公司（The Nigerian National Petroleum Corp.）、利比亚国家石油公司（The National Oil Company（Libya））、阿尔及利亚国家石油天然气公司（Sonatrach（Algeria））。不言而喻，这些大型国家石油公司就是全球原油市场上的一个个寡头。无论何时，只要它们联合起来一致减少原油的供给，那么石油价格就会上涨。

在寡头市场中，由于只有少数几个生产者，每个生产者都能够对石油价格产生重要的影响。例如，沙特阿拉伯就是主要的原油生产国之一，如果沙特阿拉伯决定要减少石油的供给，那么全球原油价格就将会受到重要的影响，最终的原油价格还将取决于其他生产国对此的态度和采取的措施。如果其他国家增加各自的石油产量来弥补沙特阿拉伯的原油减产，那么油价将不会发生显著的变化。也就是说，每一位生产者在制定生产决策时都必须考虑其他生产者的策略，这种情形被经济学家们描述为"相互依赖认知"。这种认知需要产业中的每一个企业在做决策的时候，都要综合考虑其他企业可能的态度和反应。经济学家们运用博弈论的方法研究不同参与者可能采取的策略，以及采取的应对措施。当然，也会出现部分或者全部的参与者结成联盟的情况——OPEC 塔克尔联盟就是这样的一个结盟实例。

基本上，石油公司都以销售能源获取利润为目的，这使得它们越发关注各自在市场上的份额。它们从以往的经验中得出，当勘探的能源不足以维持它们市场份额的时候，它们就必须极力推出替代能源来争夺市场份额，例如乙醇。当然这些替代能源包括核能，以及当前快速发展的风电和太阳能等，这些能源技术基本上全都由政府来投资。

对于那些购买这些最终能源产品的买家而言，无论是购买石油、天然气还是煤炭，这些能源买家或者是大型的能源消费公司，它们所构成的能源消费市场更加接近不结盟的完全竞争模式。这样，买家和卖家之间形成强烈的不对称——卖家在市场上更具影响力。

天然气市场也是一个寡头市场，全球范围内天然气的供应国屈指可数：俄罗斯、美国、阿拉伯联盟、欧盟、加拿大、伊朗、挪威、阿尔及利亚、卡塔尔、荷兰、沙特阿拉伯和印度尼西亚。天然气主要以管道或者液化天然气（LNG）的方式进行运输，之后再由一些相互竞争的企业进行终端分配。当前，天然气贸易主要发生在相互毗邻的天然气生产国和消费国之间，以及相互毗邻的地区贸易集团之间，例如，俄罗斯天然气就以管道输送方式销往东欧和西欧。俄罗斯天然气工业股份公司（Gazprom）是俄罗斯目前最大的公司，也是世界上最大的能源供应公司之一，把控着全球天然气的供给。除了供应天然气之外，俄罗斯天然气工业股份公司近年来也开始销售石油。

美国对石油、天然气和煤炭等能源企业的管理分为三个层面，即当地、州以及国家。当地可对能源产品的勘探进行许可；州层面，以德州铁路委员会在1930年为德州油田创立的管理准则为依据，指导州层面的石油和天然气的生产。历史上，这些管理制度的设立都有利于国内的能源生产者，确保进口的石油价格维持在低于国产石油价格的水平，要求消费者购买国内生产的石油时支付更高的价格。

1890年，美国国会通过了《谢尔曼反托拉斯法》（Sherman Antitrust Act）以限制垄断，尤其是限制石油企业的垄断。该法案首先针对由约翰·D.洛克菲勒（John D. Rockefeller）领导的标准石油公司。标准石油公司最初在石油精炼方面确立了垄断地位，随后将垄断扩张到石油工业从勘探到零售的全产业链。1901年，西奥多·罗斯福（Theodore Roosevelt）总统首次采取行动限制标准石油公司的这种垄断行为，并于同年由美国最高法院给出了标志性的裁决：标准石油公司违反了反托拉斯法案，公司被要求解体。标准石油公司随后形成了4家继任的公司，它们分别是Exxon公司（前身是新泽西的标准

石油公司）、Mobil公司（前身是纽约标准石油公司）、Chevron公司
（前身是加州标准石油公司）和 Amoco公司（前身是印第安纳州标准
石油公司）。继任公司间引入了相互竞争，终结了标准石油公司对石
油价格的操控。1914 年，美国通过了《克莱顿反托拉斯法》（Clay-
ton Antitrust Act），该法案进一步防止垄断的形成和合并。今天，美
国是由司法部下属的反托拉斯部和联邦贸易委员会共同来执行《克莱
顿反托拉斯法》以及早期的《谢尔曼反托拉斯法》。20世纪70年代后
期，特别是里根（Reagan）总统执政时期，违反反托拉斯法案呈现
明显增多的趋势，1981年原油价格和精炼石油制品受到了政府管制。

国际上，这一时期能源前沿也在不断发生巨变。20世纪70年
代，在见证了OPEC的崛起之后，中东、亚洲、非洲和拉丁美洲的石
油生产国卡特尔[①]也随之崛起。实际上，OPEC是在美国的协助下于
1960年成立的，OPEC通过接管成员国的大型私有石油公司来建立自
己的石油储备，并于70年代初获取了世界原油供给的控制权。OPEC
对国际石油工业具有持续性的大规模影响力，通过协调其成员国的原
油生产活动，企图以限制石油产量来抬高油价，进而加大石油出口的
获利。部分OPEC成员国采取一致的原油生产策略将能够控制石油的
短缺或者过剩，进而控制石油价格。

在1973年阿拉伯-以色列战争之后，OPEC卡特尔联盟成为一支
重要力量，首次攻击了西方发达国家。当时的10月，OPEC的7个阿
拉伯国家在科威特会见，宣布削减5%的石油供给，并禁止对支持以
色列的国家出口石油。一时间，国际油价迅速飙升。1979—1980年
伊朗革命引发了再一次的石油禁运，人为石油短缺再次发生，一时间
人们在加油站外排起长队购买高价汽油。1990年8月，伊拉克入侵科

---

① Cartel，企业联盟。

威特，沙特石油供给受到威胁，国际油价再一次飙升，油价从 1990 年 7 月底的 21 美元/桶增长到 10 月中旬 46 美元/桶的巅峰油价，可贸易商和货币当局却普遍认为这次的油价上涨只是临时的。在这之后，涌现出英国、墨西哥、挪威、加拿大、俄罗斯等一些新的石油供应国，它们不属于 OPEC 成员，它们的出现削弱了 OPEC 对国际石油市场的操控。美国经济严重依赖石油的进口，其一部分石油进口来自于 OPEC 成员国中的尼日利亚、沙特阿拉伯和委内瑞拉，其大部分石油进口来自加拿大、墨西哥、英国和俄罗斯等非 OPEC 国家。当然，正如前文所提到的那样，OPEC 成员国并不总能够达成行动一致，卡特尔联盟中的一个或多个成员的背叛就会致使卡特尔联盟瓦解，这样也就不会对石油供给和石油价格产生影响。

当前，位于波斯湾地区的 OPEC 成员国仍然掌控着全世界最主要的石油资源，左右着国际石油的供给和价格。对石油进口十分依赖的美国和其他一些国家，日益受到地缘政治的影响，2011 年春天在中东和北非地区发生的动乱所引发的油价大幅上涨事件，就是一个典型的案例。经历了 1973—1974 年石油禁运所带来的破坏之后，美国在 1975 年开始建立战略石油储备，以减少未来可能的临时石油短缺所造成的影响。美国现在每天石油净进口量为 1 200 万桶（190 万 m^3），总的战略石油储备量可满足大约 58 天的国内石油供给。实际上，战略石油储备每天的最大支取能力大约是 440 万桶（70 万 m^3），这样算来，大约可以为美国提供 160 多天的石油供给。美国联邦政府拥有 7.27 亿桶的石油储备能力，是世界上最大的原油供应储备国，存储在墨西哥湾沿岸附近地区的地下巨大盐穴之中。

国际方面，总部位于巴黎的国际能源署（International Energy Agency，IEA）拥有 28 个成员国，包括欧盟的一些成员国，以及美国、加拿大、澳大利亚、新西兰、日本、韩国、土耳其等。IEA 在其成员国中开展了一个国际能源合作项目——预测世界石油需求，监测一定周期内世界原油的供给和需求变化。参与项目的成员国政府采取联合措施来应对石油供应的变化，分享能源信息，协调能源政策，在项目中大力合作以促进能源安全，鼓励经济增长，以及保护生态环境。IEA 成员国承诺，通过与非成员国、行业、国际组织等广泛开展合作，提升应对石油供应中断的能力，促进形成合理的能源政策，并在国际原油市场上形成一个持久的能源信息系统。IEA 成员国也致力于通过发展替代能源，提高能源使用效率，促进国际能源技术合作，以及进一步整合环境和能源政策等措施促进世界能源供给和需求的结构转变。

[第3章]
未 来

3.1 现 状

20世纪50年代，美国曾主导世界石油的生产，其不断发展壮大的石油工业进一步衍生了美国的军工业和许多其他现代工业。在当时，整个美国看起来是相当富有的，就好像航行在黏稠的"黑色黄金"海洋上一样。除了一个名叫马里恩·K.哈伯特（Marion King Hubert）的地质学家之外，几乎没有人愿意去相信这一切终将会结束。

哈伯特，1903年出生于得克萨斯州的一个农场家庭。他远赴芝加哥大学求学，并在那里获得了包括博士学位在内的所有学位。哈伯特曾执教于哥伦比亚大学，担任地质学的教学工作，在经历了不愉快的教学工作之后，他决定放弃在学术界中的发展，将大部分的时间投入到休斯敦壳牌石油公司当中。1956年，在休斯敦壳牌石油公司工作期间，哈伯特与其老板的意愿不和，随后他便公开了自己预测的有关美国石油即将终结的研究结果。他的预测指出，美国的石油开采量将在1970年左右达到峰值（下文称之为"哈伯特顶点"或"哈伯特峰值"），之后石油开采量将快速下降。他的预测结果被历史证明是正确的。

为了弄清楚哈伯特是如何进行预测的，如何推断出世界石油供给的关联性，我们首先要弄清楚石油是如何形成的。沉积在水中的古代动植物尸体和矿物质，在经历了千百万年的地质变迁之后，埋藏于海底，并在地球上某些地方形成了富含有机物的多孔岩石层。随着时间的进一步推移，这些岩石层被深埋在海底，一旦这些岩石层埋藏得足够深，岩石层中的富集有机质就能够在地球内部适合的温度和压力条件下转变成为石油。这些石油在岩石重力的作用下，就好比海绵中的水一样，从多孔的岩石层中被挤压出来，富集到岩石层的上方或者下方这些可通过油井开采的地方。再经历一段漫长的时间之后，地球上一些地方的海水渐渐退去，原来深埋海底的石油就慢慢地位于地表之下了。

石油是由长链的碳氢分子组成的。如果这些源岩在地表中沉积得太深——位置越深则意味着温度越高——在地表下面三英里以下的地方，这些长链的碳氢分子将断裂成为短链的碳氢分子，这就是我们常说的天然气。同时期，一些沼泽地区的植物尸体腐烂形成泥煤沼，这些泥煤沼在地球内部适宜的温度下，经历漫长的年代之后，最终转化成为富含碳元素的煤炭。煤炭、石油和天然气是最主要的化石燃料，它们的能量全都来自于太阳，而以不同的形态储存在地下。

在 200 年以前，人类几乎完全依靠太阳光而生存。白天，太阳滋养植物，为人类和动物提供食物和温暖；夜晚，群星闪烁，我们能够舒适休息。在那个时候，仅有来自文明世界的个别人远距离迁徙甚至跨越大洋，绝大多数人几乎从来都没有离开过他们出生的地方——富人们居住的地方风景如画，音乐迷人，织物优雅，瓷器发光；普通民众们也拥有他们朴素的艺术、音乐、织物和陶器。那些冒险出海的商船从异国带回来一些昂贵物品，还有香料和奴隶，有时还会在炎热的夏天带回冰块。直到 18 世纪末期，整个地球上的人口也才仅仅几亿人。自从欧洲一些地区森林变得稀少之后（森林很快也在世界其他地区开始变得稀少），煤炭便开始大量使用，渗透到地表上的少量石油也得到应用。总的来说，该时期地球上的化石燃料使用仅处于开始阶段，并没有大规模使用。

今天，我们生活在发达的世界当中，夜晚有电灯照明，夏季有空调制冷。我们每一天都可以乘坐私人汽车在柏油马路上奔波100英里来通勤，也可以在成千上万次航班中选择一个航班花几个小时去周游世界；我们可以在家里找朋友聊聊天，也可以处理些商业上的事情，就如同身处办公室里一样。那些曾经只有富人们才能享受到的事情，今天已进入了普通人的生活之中，这怎能不让人兴奋？电冰箱被广泛用来存放食物而不再只保存香料，机器也将我们从繁重的体力工作中解放出来。这其中的代价或许只是天上的星星不再那样清晰而已，几乎没有人愿意选择再回到18世纪的生活中去。

人类生活标准的革命性变化并不是被设计出来的。假使有机会与18世纪本杰明·富兰克林这样的圣人来交流，共同探寻这个世界的真正所需，他或许完全不会提及那些我们为之兴奋的事情，或许只会关注当时的公共健康急需改进。我们现在的生活标准源于一系列改变我们预期的发明与发现，而不是设计和欲望。我们所得到的并不是我们想要的或者我们真正需要的，只不过是人类的智慧将之创造出来的。这些发明和改变产生的显著结果就是，我们不再需要依赖太阳光而生存，我们完全可以依靠使用来自太阳光却深藏地下千百万年才形成的化石燃料来生活。我们无意中为自己设置了一个陷阱，那就是石油最终会消耗殆尽，毕竟油井中仅存的易开采石油资源相当有限。未来将要发生什么？毋庸置疑，未来石油资源的获得将更加艰难，包括重油、深水沉积物以及焦油砂、油砂等这类石油资源在内。或许地球上的能源资源还有很多，但是这些能源的开采都将伴随诸多的危险，就好比墨西哥湾曾发生的石油泄漏事件一样。因而，我们的能源资源供应十分有限，我们面临的形势十分严峻。

整个 20 世纪石油的供给和需求都快速增长。石油的供需原本是相等的，但石油消费的速度总是快于石油开采的速度。直到 20 世纪 50 年代，石油的供给出现持续增加，地质学家宣称，石油供给将会延续以往的增长速度一直到永远。由于一直强调石油探明储量的速度快于石油消耗的速度，因而石油供给有限性的问题就这样被忽视了。哈伯特在 1956 年预测指出，美国本土 48 个州的石油开采量将在 1970 年左右达到峰值，之后将快速下降。哈伯特的预测打破了人们对未来的美好期望，他的预测结果后来被证实是正确的，引发其他地质学家们的关注。

哈伯特在他的计算中使用了多种方法。方法一类似于人口生物学家使用了近一个世纪的方法，即当一个资源丰富的区域出现一个新物种时，物种数量在初期呈指数增长趋势，意味着年增长率是不断增加的，就好比银行中的复利一样。这也正是地质学家提出石油发现将持续增长的原因。可是，一旦数量增长到足够大，资源看起来也就十分有限了，增长率便开始回落。石油勘探也遵循这一规律，发现新石油的机会也随油田的不断发现而变得越来越小。哈伯特指出，一旦石油发现的速度开始下降，就可以推断其下降率，进而推算出产量不再增加的那个时刻。在该时刻，全世界所有易开采的石油都将被开采，也就是说，累积的石油消费总量将是所有已使用的石油量和已探明的石油储量之和。哈伯特指出，20 世纪 50 年代，美国本土 48 个州新探明石油的年增长率下降趋势十分明显。当前也有学者指出，全球范围内常规石油的总发现量在几十年中不断下降，用哈伯特的方法估算地球常规石油总量大约是 2 万亿桶的水平。当然，非常规石油资源可能会有一些增加，但看起来也不会增加很多。我们认为，我们实际拥有的石油总量或许就是 2 万亿桶这样的水平。

哈伯特的第二个方法基于一个假设，那就是长期来看，石油从地下开采出来的历史记录呈"钟形"曲线分布。这也就是说，开始的时候会快速增长，在达到峰值之后，呈现快速下降趋势。到目前，哈伯特所提出的假设已经过去了半个世纪，美国本土48个州的历史统计数据充分验证了这一假设。如果这一规律也适用于世界其他地区的话，基于全球石油的历史消费记录和石油总量预测（2万亿桶），不难推出石油的哈伯特峰值即将到来。20世纪50年代，哈伯特运用该方法推导出美国本土48个州的石油峰值，我们现在同样也可以用该方法来预测全世界石油消费峰值的出现。尽管不同的地质学家使用不同的数据和不同的方法，所得到的结果也略有不同，但是得出的一些（不是全部）推论认为，峰值将在近10年中出现，这完全不需要高深的数学方法来计算。2万亿桶的石油总量中，我们已经消费了一半，这也意味着石油消费的哈伯特峰值也距离我们不远了。因此，地质学家们强调，石油消费的哈伯特峰值将在未来几年内到来。

哈伯特运用的第三个方法是观察法，当前总的石油开采量与石油发现量相平行，但滞后几十年。换句话来说，几十年后我们从地下开采出的石油量是我们今天所发现的石油量，石油发现量决定着石油开采量。在世界范围内，石油发现量在几十年前就已经开始下降了，也就是说石油发现量的哈伯特峰值在几十年前就已经出现了。依照该方法，石油消费量的哈伯特峰值所发生的时间将在下一个10年中出现。

并不是所有的地质学家都同意这个方法。一些地质学家喜欢用已探知的埋存于地下的石油总量除以石油消耗速度来计算石油枯竭所发生的时间，这也是工业界所熟知的R/P比——储备产量比的方法。依据该方法计算，石油的R/P比当前介于40~100年之间。地质学家由此给出结论：如果我们仍按照当前消耗石油的速率继续开采石油，40～100年之后石油将会消耗殆尽。

关于地球上石油总量的分析也有一些不同观点。1995—2000年，美国地质勘探局（United States Geological Survey, USGS）做了一份世界石油供给的翔实研究报告。该报告指出，从我们开始开采石油

计算，地球拥有2万亿桶石油的可能性为95%；地球拥有2.7万亿桶
石油的可能性为50%，完全不同于我们之前所提到的那个趋势，这个
50%的可能性意味着新的石油发现量将至少保持30年快速增长。额
外的0.7万亿桶石油总量相当于中东地区的石油总量，这看起来似乎
不太可能。

事实上，我们所得到的存储总量并不是一个固定的数值。一方
面，这些数值通常由世界各国的政府和企业所提供，这些数据在有些
情况下会因政治或经济考虑而扭曲。例如，荷兰皇家壳牌公司就曾因
被迫向下修订"已知储量"的数据而陷入窘境。企业会出现因国家审
计而调整数据的这种情况，可又有什么机构来审计国家所公布的数
据呢？

并且，我们所说的"常规"和"廉价"的石油量也是随时间而变
化的。伴随技术进步，已有油田中经济可开采的石油总量将随之增
加。按照石油工业所使用的术语，任何可采石油量的增加都算作"发
现量"，这些都算作美国地质勘探局（USGS）未来30年石油新发现
量的一部分。最终，随着石油开始变得稀缺，石油价格不断上涨，在
较高的石油价格下，可采的石油总量也将会进一步增加。这些趋势都
将推迟石油开采哈伯特顶点的到来时间。

我们以往使用自然资源的经验指出，我们初始的资源消费量是
0，随着资源消费量的增加逐渐上升到峰值，之后随着资源供给的耗
尽最终将再次降回到0。这里有很多实际的案例：宾夕法尼亚煤矿、
北密歇根铜矿，以及美国本土48个州的石油消费都是这样。这个资
源消耗的曲线正是哈伯特和他的追随者们的基础，也恰恰被倡导R/P
比的人们所忽视。世界石油需求在过去的100年里持续增长，未来的
石油需求将继续按着这个趋势增长，特别是随着中印两个发展中大国
正在步入汽车时代。哈伯特的追随者们认为，能源危机将在峰值到来
的时刻发生，而不是消耗光最后一滴石油的时刻发生——这也就是

说，我们陷入困境的时刻并不是我们用尽全部石油的那一刻，而是我们消耗地球一半石油的那一刻。

如果你相信哈伯特的观点——危机出现在石油产量峰值出现的时候而不是石油消耗殆尽的时刻，同时你也认可美国地质勘探局关于石油总量的预测——地球上存有2.7万亿桶的石油总量，以此预测石油危机发生的时间将比之前预测结果延迟十多年（这个可用哈伯特的方法计算得到）。如果哈伯特的追随者们的预测是正确的，那么我们将在不久的将来面临更加苦难的时期。如果在一个有序理性的世界里，石油供给和需求之间的日益扩大的鸿沟可由发展太阳能、风能等新能源来填补，但是每一个经历过1973年石油危机的人都知道，我们生活的这个世界并不是有序理性的。当不可逆转的石油短缺真正发生的时候，我们无法精确地预测将会发生什么，但是我们很容易就会想到文明消亡的景象——四处散落着生锈的船体和各种废弃的汽车。可能出现的更为糟糕的结果是，一些国家或地区为了维持自身的生活标准，不顾牺牲他国利益，进而引发"第三次石油大战"（第一次和第二次石油战争已经成为历史）。科学知识并不能够预测此类可怕事件是否会发生，但能够减少此类事件发生的可能性。

首先，正如上文所提到的那样，常规石油并不是唯一存在的油品。一旦地球上所有廉价的石油都开采完，先进的石油技术依然能够从每一座油田中继续开采出一定量的石油来。我们通常所熟知的石油沉积物是重油（一般萃取物越多，油越重），除此之外还有我们所熟知的油砂和焦油砂。像那些废弃油田的残留物一样，这些石油沉积物不仅难于开采，而且萃取的成本也非常昂贵。例如，加拿大的亚伯达省因盛产焦油砂而文明，被称为"油砂之城"，吸引了大量的投资。那里的石油是以露天开采的方式并经过萃取得到的，2吨左右的矿石可生产一桶液体燃料，并且这种液体燃料富集度不高，必须经过加氢处理才能够蒸馏得到汽油，因此亚伯达省拥有一些世界上最大的天然气制氢工厂。尽管亚伯达省成为汽油的重要供应地，但其同样付出了巨大的经济代价和生态成本。

其次是页岩油。前文也提到了，常规石油是含有生物质的源岩在足够深的地下、适宜的温度和压力下转化而成的。页岩油也是一种源岩，只不过它埋藏在地下的深度不够深，并没有能够转化成为常规石油。在美国的科罗拉多州、怀俄明州以及犹他州等地拥有非常丰富的页岩油，其存储总量预计比世界上所有常规石油总量还要多。实际上，页岩油不可流动，不是真正意义上的油，取名"页岩油"完全是为了吸引投资。页岩油实际上是油母岩质，呈蜡状，经开采、压碎和加热等程序可用来生产石油，但这个过程成本非常高。

与开采常规石油相比，开采上述任意一种石油资源，成本都将变得很高，开采周期将变得很长，对环境造成的危险也越大，开采这些能源自身所消耗的能源也越多。一旦开采过程中所需求的能源量等于或者大于所生产的能源量，生产这种能源将是不划算的。我们目前在车用汽油中添加的以玉米为原料所生产的乙醇就属于这类燃料，它们也被称为能源净损失的燃料。当我们将原油按由轻到重的顺序进行排序时，由油砂、焦油砂以及页岩油生产石油的中间成本不断增加。一些专家相信，页岩油将一直都会是能源净损失燃料。

一旦过了石油供给的哈伯特顶点，日益增长的石油需求和不断下降的石油供给之间的缺口将越来越大，不断上涨的石油价格将使得替代燃料显得更具经济竞争力。假使这些替代燃料全都是能源净增加燃料，由于存在"转化率问题"，这些燃料无法在短时间内形成巨大的供给，来弥补石油需求的短缺。更糟糕的是，高油价对经济所造成的损害，将严重破坏我们的产业，我们将失去把新能源转化为行动的能力。

天然气产自过热的源岩，短期内可作为一种替代燃料。天然气的主要成分是甲烷，开采较为容易，且具有经济性，转向大规模使用天然气或许比使用其他替代燃料更加容易。以传统发动机驱动的汽油车也可以使用压缩天然气作为燃料。天然气也可以通过化学方式转化为液体，成为汽油替代物（液化天然气是一种低温液体，要求冷藏和一些特殊处理，这里指的是用化学方法将天然气制成液体）。尽管如此，大规模替代车辆用油以及修建甲烷-汽油转化工厂来弥补石油短缺也还是很困难的。即使这种转化得以完成，其发挥的作用也是暂时的。因为专家预测，天然气供给的哈伯特顶点将发生在常规石油哈伯特顶点出现后的几十年。

　　还有一种潜在的燃料叫作甲烷水合物，呈固体形态，看起来十分像冰，点燃后可直接燃烧。甲烷水合物是甲烷分子困于水分子之中而形成的，是甲烷与水充分混合，在接近水的冰点温度以及很高压力的共同作用下形成的。尽管甲烷水合物的发现才仅仅几十年，但相关理论研究已发展很快，包括在哪些地方能够发现甲烷水合物，是在北极的永久冻土之下，在深海海底，还是在土星的卫星上？甲烷水合物的总储量有多大规模？甲烷水合物是否能够开采和成功使用？等等。除了甲烷水合物的存在之外，关于它的其他方面，我们几乎一点儿都不清楚。

　　地球上大量化学形式的能量都存储在煤炭当中，而煤炭最主要的元素则是碳。作为一类真正的化石燃料，要将煤炭中存储的化学能量释放出来，每一个碳原子必须与氧气相结合，形成二氧化碳这种温室气体。在碳燃烧的过程中，除了不可避免地向大气中排放二氧化碳气体之外，煤炭中还常常含有硫、汞、砷等不受欢迎的杂质，要除去它们中的任何一种都需要支付很高的成本。煤炭是一种污染很大的化石燃料，曾经出现过由于煤电厂的排放缺乏有效监管措施，其释放的汞元素富集在一些剑鱼和金枪鱼体内，造成一定的健康危害。在高温高压的情况下，煤炭可以通过加氢实现液化，该过程不仅成本较高，而且过程中也消耗大量的能源，德国曾在第二次世界大战困难时期使用过该方法。如果我们不顾及地球大气的污染，选择煤炭作为首要能源的话，那么煤炭尚可维持我们继续使用几百年。这一结果是运用石油 R/P 比的方法得到的，既没有考虑世界人口的增加，又没有考虑发展中国家对高水平生活方式的追求，也没有考虑煤炭与石油一样具有哈伯特顶点效应。简单的结论就是，如果我们转向使用煤炭来替代石油，包括煤炭在内的化石燃料时代或许会能够支撑到 21 世纪末。

可控核聚变通过轻原子核融合成重原子核的过程来释放能量，长期以来被视为未来的最终能源。当前，可控核聚变离成功使用还有很多技术问题需要攻克，我们相信这些技术问题最终一定会得到解决，只是不知其能否在石油供给哈伯特顶点到来之前得到解决。在燃料供给方面，核聚变的燃料可以来自海水中氢的一种同位素氘，以及普遍存在于矿产中的较轻的化学元素锂（核聚变反应的是两种氢的同位素氘和氚的融合。氚在自然界中并不存在，可由聚变反应中产生的中子和锂膜进一步反应得到）。自然界中有足够的氘元素和锂元素，完全可供长期使用，只不过核聚变的技术难题以及实用化问题是当前急需攻克的首要问题。核聚变和页岩油将会是地球未来最主要的能源资源。

核裂变技术发展相对较为完善，这类反应堆的燃料是具有高放射性的同位素铀 235。为了避免更多人"谈核色变"，科学家不得不将医疗中使用的"核磁共振"（NMR）改名为"磁共振成像"（MRI），让广大患者心平气和地接受放射性治疗。一旦石油危机真的发生，由于能源供给无法满足能源需求，能源需求将促使人们不再那样地恐惧核，同时我们将继续加强核安全和核废料处理方面的立法工作。核能比较适合发电，也能够为船舶或者潜水艇这类大型设备提供动力；从核安全角度考虑，短期内不太可能考虑用核能作为小汽车以及飞机的动力装置。

　　大量新发现的常规石油在缓解未来能源短缺问题方面有多大作用？这如同去相信牙仙子①。石油地质学家几乎踏遍了地球上的每一个角落去寻找石油，未勘探出来的大规模油田的可能性也是越来越小，剩下最大的可勘探仍未勘探的地区也就是中国南海了。地质学家们认为，中国南海地区是非常有前景的区域，但储量预计并没有那样壮观。结果就是，尽管全世界都在不断努力地去发现新的石油，但发现新石油的速度在几十年前就已经开始下降了，并一直处于下降趋势。这也正是美国地质勘探局提出的关于石油发现30多年来快速增长这一假设的症结所在。

　　假想有一个特大油田等待着我们来发现。目前世界上已发现的最大油田位于沙特阿拉伯的加瓦尔地区，在1948年发现的石油量就达870亿桶。如果有人恰好在明天就发现了一个900亿桶规模的油田，其对哈伯特顶点到来时间的影响也就是延迟1~2年，仍然处于哈伯特顶点出现时间预测的不确定范围之内，也就是说新发现的这个大油田对哈伯特顶点出现时间的影响微乎其微。这一结论进一步支撑了是否要在美国阿拉斯加北极国家野生动物保护区内钻井采油的长期争论。如果在北极国家野生动物保护区钻井采油，这将对缓解全球能源短缺做出重要贡献；而不钻井的最重要原因，并不是为了保护野生动物，而是为我们子孙后代留存一部分的石油资源，以免全部被我们消耗在小汽车之中。

　　一旦越过了哈伯特顶点，石油供给将开始大量减少。石油供给和需求之间的缺口到底将增长多快，这是一个十分关键的问题，也是一个无法准确回答的问题。粗略估算，能源需求增长的趋势大约是每年增长几个百分点；而越过哈伯特顶点的石油供给方面，我们

　　①　牙仙子：西俗传说，儿童换齿，牙仙夜间造访，留赠钱币若干。思其妙，乃因儿童期待仙子之情，忘其换齿之痛惧也。

认为可能会保持一个合理的下降速度，石油供给和需求之间的缺口将很可能会达到每年 5% 的水平。照此趋势，在哈伯特顶点出现后的 10 年，我们需要石油替代燃料的量大约会是我们当前石油消费量的一半——每年 100 亿~150 亿桶规模。即使哈伯特顶点之后不出现石油短缺引起的任何重大衰退，也很难看到这样大规模的有效替代能源的出现。

这里还有另外一个可能的情景：世界范围内出现经济衰退，并减少对能源供应的需求，而如果加大对石油开采的投入将在一定程度上增加石油的供给。但是即使这样做了，这些努力所能够发挥的作用也只不过是暂时的。

可以肯定的是，进一步减少石油需求强度能够更大程度地预防潜在危机的出现。例如，如果我们牺牲一些方便性和舒适性，不去使用高油耗的越野车，而去积极使用更加经济的混合动力汽车。尽管我们在这个方向上正在进行很多努力，但相比这么大的能源消费而言，我们的努力所产生的效果依然很小。我们还将采用各种各样的行动来减少奢侈生活的能源消耗，包括重新设计规划城市，在住宅中采用更好的隔热技术，改善公共交通，等等。这些行动才刚刚开始，但也遇到了一些强大的利益相关者们的反对——例如，石油公司、汽车产业以及它们的联盟等。

在展望未来之前，我们得出一些结论：哈伯特的追随者们在准确预测石油供给哈伯特顶点发生时间方面有不同的声音，但他们教会了我们一个非常重要的道理：危机即将发生的时刻，并不是最后一滴石油被开采的时刻，而是开采石油量开始减少的时刻。这也意味着，当我们消耗了地球石油储量一半的时候，危机即将发生。无论你采用哪种方法来看待这个问题，还是想通过开采重油来缓解石油短缺，危机比我们之前的预想都更加紧迫。当前，化石燃料燃烧正在改变地球大气成分，将对地球温和的亚稳态结构形成威胁。总之，我们还有很多核心问题亟待解决。

3.2　未来情景

基于此，尽管未来有很大的不确定性，但我们能够很容易地勾勒出一个最坏的情景和一个最好的情景。

最坏的情景：哈伯特顶点到来之后，人类尽一切努力加快替代燃料的生产、分配和消费，以填补能源供给下降与能源需求增加之间的缺口；恶性通货膨胀和世界范围的经济衰退，将迫使数十亿人口无法使用替代燃料，只能依靠煤炭来取暖、做饭以及实现一些简单的工业生产；温室效应最终将使地球气候进入一个生命难以为继的新状态，就好比今天的金星一样。

最好的情景：伴随哈伯特顶点的到来而出现的世界衰退给全球敲响了警钟。甲烷作为过渡能源，短期内弥补能源供给的缺口，也为修建核电站以及其他替代能源的基础设施争取宝贵的时间。铀矿和页岩油的哈伯特顶点也被全世界所关注。

无论未来如何发展，我们都应该在21世纪中学会不依靠化石燃料而生活。我们要么在不得不采取措施之前自发地去行动，要么就在资源消耗殆尽之时强迫着去改变。当然，存在一种可能就是将我们的生活方式退回到开始使用化石燃料的18世纪之前，同时减少当今世界95%的人口；也存在另外一个可能，那就是设计一种新的发展方式，继续我们当前较为复杂的文明形态，而不再使用化石燃料。存在这样的科技来支撑这种新的发展方式吗？

最困难的问题之一就是要找到交通的替代燃料。电池是一项可用技术，先进电池技术使得以电池为动力的电动汽车更加实用。在过去的10年中，单位体积的电池容量增长了好多倍，曾经用于手机和笔记本电脑的电池，当前也被应用到电动汽车当中，先进电池组正在成

为未来交通工具的基本组件。未来交通能源的另一个可能替代燃料是
氢——不是热核聚变中的氘，而是传统的氢——氢气可在传统的压缩
机中进行燃烧，也可用作氢燃料电池。不论是燃烧还是用于燃料电
池，其最终的产物只有水蒸气一种。尽管水蒸气也是一种主要的温室
气体，但它和二氧化碳不同，水蒸气在大气中以雨或者雪的形式进行
循环，周期很短。

　　与汽油和甲烷一样，氢气既危险又难存储。尽管大自然并没
有为我们直接提供氢气，但是我们可以自己来生产。大规模使用
氢气不可避免地会产生一些其他问题，例如，氢在大气中泄漏会
破坏地球的臭氧层等。当然，这些问题是完全可以依靠技术加以
解决的。

　　当然，氢燃料也并不能免费得到。氢能是一种拥有高势能的
替代能源，这也正是氢能之所以宝贵的原因。氢是燃料电池的工
作液体，但是从热力学角度而言，氢和电池不是真正意义上的能
源，它们仅仅是存储能源和转化能源的一种方式而已，它们存储
的能量需要从其他地方来获取。我们如何获取这些用于制造氢的
能量呢？有趣的是，一种可用的潜在能量存储在煤炭当中，可利
用煤炭和水蒸气的化学反应过程来制造氢，该化学反应过程不可
避免地会产生二氧化碳。氢气从水和煤的化学反应中得到，并在
该反应的中间过程消耗氧化钙，生成碳酸钙；碳酸钙随后再分解
为氧化钙（可再次使用）和二氧化碳。理论上，该反应产生的二
氧化碳完全可被分离和储存，或者可被"隔离"。那么，可以把二
氧化碳隔离到哪里去呢？这个问题目前并没有完全解决（下文有
详细阐述）。无论如何，煤炭最终都将消耗殆尽，这无法解决我们
长期需要氢能的问题。

　　地球内部天然放射性元素自然衰变所产生的热量，使得地球内部
能够保持较高的温度。从某种意义上说，我们恰恰生活在一个巨大的

核燃料上面。实际上，我们完全可以使用这些能量。地热能就是其中一种，目前世界上很多地区（如冰岛）已经广泛使用地热能来取暖，但使用地热能来大规模发电还存在一些困难。一般而言，距离地表越深，地球内部的温度也越高，在地下3英里左右的深度即可达到沸水温度。目前，地球上可深度钻井并利用地热来发电的地方屈指可数，若要在这些地方发展地热发电，由于冷却的速度较快，热源补充不足将是一个关键问题。尽管地热能比较清洁，但无法成为能源供给的主力。当然我们也知道，如果没有地球内部的能量，也不会有我们当前所使用的化石燃料。

另外还有一种较为廉价且供给十分丰富的能源，它和地热能一样可随时获取，且亿万年都不会枯竭——这就是太阳光。我们当前所利用的太阳光占到达地球表面太阳光的份额很小，包括一部分用于农场植物的生长（如食物、纤维和纺织品），还有很小一部分以水能和风能的形式被间接收集。另外，太阳能电池也是一种不受地点约束的方便能源。总的来说，地球吸收了那些并没有反射回大气空间的太阳能，我们要学会更好地加以利用。

与其他能源资源相比，太阳光的能源强度不高，太阳在整个地球大气层上全年的平均能源强度大约是343瓦特/平方米。但与美国人均电能1 000瓦特消费量相比，整个美国领土所接受的太阳能约是全部美国人能源消费量的1万倍。太阳光和核能可以用来制氢，也可以用来给电池充电。太阳光可以参与化学品与有机物的反应来制造氢气；太阳光可经太阳能电池板转化来直接发电。利用太阳光或者核能产生的热量推动引擎来发电——就像汽轮机发电一样（见下文）。当然，氢气还可以采用电解水的方式来制取。毋庸置疑，氢能或者先进的电池能够满足我们交通部门所需。当前，核技术在各个方面都远远领先于太阳能，太阳能技术也正在迎头赶上。

综上所述，在技术上和科学上存在这样一种文明方式——我们不需要消耗化石燃料就能够做我们想去做的事情。如果真的可以这样，我们将会拥有一个美好的未来。而现在面临的问题是，我们能够实现这种文明吗？如果我们能够不依赖化石燃料而生活，那为什么还要等到化石燃料消耗殆尽的那一天呢？为什么不在地球生态系统还没有发生不可逆转的灾难之前就采取行动呢？答案只有一个：我们只有努力地行动，否则将为后果买单。

第4章

能源安全下的全球经济

目前，地球上的每一个国家都面临着巨大的挑战——确保拥有足够的能源安全保证其经济的发展。我们现在就需要关注这些挑战，探讨那些脆弱性国家所面临的首要任务，以及它们对开展紧密国际合作的具体需求。

本章谈及了国家和国际能源安全正在面临的一些关键问题，包括能源供给中断的挑战（第一部分）、长期能源安全威胁（第二部分）、进一步增加对天然气的依赖（第三部分）、改善中东关系（第四部分）、全球能源危机预期（第五部分）、市场作用（第六部分）以及新举措如何致力于解决上述问题（第七部分）。

4.1　能源供给中断对世界各国经济的潜在威胁

1991年苏联解体，冷战结束，地缘政治发生着戏剧性的变化。在全球反恐的新形势下，两极世界的秩序得以重组，这将主导21世纪上半叶的发展方向。这个根本性地缘政治改变将对每一个国家都产生重大影响。地缘政治中将融合新的因素，包括一些组织的威胁破坏，例如，基地组织与美军交战，美军进入伊拉克和阿富汗，美国支持中东和亚洲地区，特别加强与东亚、南亚地区战略、政治和经济的重要联系。每一个国家或多或少都受到这个地缘政治变化的影响。

事实上，潜在的能源安全威胁将对那些严重依赖能源进口的国家和地区——例如，美国、欧洲、亚太以及其他一些发达国家或者发展中国家——的经济构成严重的威胁。对于那些依赖石油、天然气或者煤炭进口的国家来说，持续获得较为廉价的能源供给将是其经济持续发展的关键所在。能源安全问题影响着能源进口国的方方面面，一旦能源供给发生中断，潜在的多米诺效应便一触即发。

历史上发生过几起能源供给中断的案例，其中有 1973 年 OPEC 石油禁运，以及最近俄罗斯减少对乌克兰和白俄罗斯的天然气供应，其影响波及西欧，西欧的天然气供给也出现明显短缺。

单纯从经济学视角来看，世界能源安全的前景不容乐观。世界范围内石油和煤炭的消费持续增加，将对气候变化产生一系列深远的影响；同时，全世界对其他能源的进口需求也在持续增长。供给和需求的不平衡将严重影响发达国家的能源安全和经济安全；同时，也开始影响中国、印度和巴西等新兴经济体的发展。一些能源专家指出，全球对中东地区的石油依存度很快就会超过 90%。我们在东西伯利亚和中亚地区发现了新油田，在世界其他地区发现了一些新的近海油田，尽管这些新的石油发现在短期内尚可缓解石油供给的紧张局面，但建设基础设施来提升石油输送能力也将对政治和经济形成额外的挑战。

未来石油短缺再加上能源需求的持续增长，将使能源进口大国（地区）之间的关系变得更加紧张，诸如美国、欧洲、中国、印度和日本等。不难想象，当这些国家（地区）为了进一步获得新的能源供给时，紧张的局势将引发新一轮的区域不稳定或国际冲突。这些国家（地区）或许会选择开发近海石油、开采更多的煤炭，或许会选择进

口液化天然气（LNG），修建核电站。无论采用上述哪种选择，都将
对未来地球环境造成潜在的严重后果。

　　石油市场的波动将对全球经济产生直接的影响。我们经历过多次
石油价格上涨事件，2011年春天发生的油价上涨就是其中一例。这
些石油价格上涨事件将对一些石油进口国的货币冲击很大，伴随而来
的就是飙升的货币赤字和疲软的经济增长。这些危险预示着，亚洲一
些地区经济持续稳定增长的驱动力将不复存在，经济显著增长的时代
结束。日本、韩国、新加坡，以及中国和印度等国家近年来经济的快
速发展，可以部分地解释为它们消费了大量低成本的能源资源。亚洲
或许是受石油价格波动影响最为敏感的地区，当然，美国、欧洲以及
世界其他石油进口国（地区）受石油价格波动的影响也很大。较高的
石油价格将对这些经济体的国际地位和经济增长，以及对它们的国内
购买力都产生重要的影响。能源价格的进一步增长将成为这些国家未
来经济发展最主要的威胁。

4.2　外部能源供给中断：长期的危险

　　所有常规能源都面临潜在的供给短缺、消耗殆尽。哈伯特顶点到
来将预示着易开采石油供给时代的终结。哈伯特顶点的预测方法已经
用于美国本土48个州的石油预测，当前也用于全球的石油预测。正
如我们在本书前面所讨论的那样，可获得的石化数据揭示化石燃料即
将消耗殆尽——"我们将消耗光已有的化石燃料"，并且"还将消耗
光新的化石能源资源"。尽管我们当前仍然有化石能源可用，但早晚
有一天，新的化石能源将不再被发现，这一天非常有可能就是未来的
10年到20年。我们当前正在达到，或者说正在经历哈伯特顶点。在
这个峰值点上我们将消耗已知石油储量的一半，随着未来能源消费需
求的日益增加以及新发现油田数量的不断减少，石油枯竭的速度还将

会进一步加快。尽管有些地质学家对这一观点表示怀疑，但一些保守的测算数据显示，油价在可预测的未来将会有显著上升，这一现象已经在2011年得到证实。我们得出如下结论：无论将来如何发展，我们必须在21世纪内学会不再依靠化石能源而生存。

统计数据显示，我们近期主要的能源消费增长来自于中国和印度这些处于快速现代化进程中的国家，巴西、南非以及其他一些国家也是能源消费的新增长点。2010年，位于亚洲的发展中国家（包括中国、印度，不包括日本、澳大利亚和新西兰）的能源消费的总和已经超过了北美地区。并且在2009年，中国已经成为世界上空气污染较为严重的国家之一（下文将会提到）。据预测，仅中国和印度两个发展中大国未来20年中，石油消费将占世界新增石油消费量的40%，煤炭消费将占世界新增煤炭消费量的75%，碳排放也将占全球新增碳排放的45%。根据《BP统计回顾》（BP Statistical Review），北美地区石油日消费量从1984年的18 474千桶/天增加到2009年的22 826千桶/天，而同期亚太地区的石油日消费量增长更加明显，从1984年的10 472千桶/天增加到2009年的25 998千桶/天，已经超过了北美地区的石油日消费量（见表1）。

2010年，中国的能源需求超过美国，成为世界上最大的能源需求国。毫无疑问，未来的几十年里中国经济的持续发展将对各种能源有更大的需求。伴随中国和亚太地区的崛起，这些地区的国家将成为世界上最主要的能源消费国，它们未来的经济安全也面临着严峻挑战。当前，这些国家或地区的能源资源和能源政策形成了具有各国特色的能源结构，未来要想摆脱能源资源约束，就需要出台一系列能源政策，鼓励能源供给的多样化，发展能源战略储备，致力于研究新的国内能源资源以及新的商业模式。随着亚洲地区国家经济发展进入更高阶段，它们的能源消费也将在下一个10年中保持快速增长。例如，中国、印度、韩国、泰国等国家，近年来它们乘用车的年均增长

表1   石油日消费量   单位：千桶/天

年份	北美地区	亚太地区
1984	18 474	10 472
1985	18 535	10 500
1986	19 085	10 981
1987	19 598	11 277
1988	20 303	12 186
1989	20 503	13 018
1990	20 206	13 862
1991	19 908	14 474
1992	20 279	15 387
1993	20 586	16 124
1994	21 232	17 133
1995	21 150	18 212
1996	21 823	18 916
1997	22 276	20 020
1998	22 674	19 567
1999	23 286	20 518
2000	23 548	21 126
2001	23 571	21 282
2002	23 665	21 891
2003	24 050	22 671
2004	24 898	23 957
2005	25 023	24 331
2006	24 904	24 721
2007	25 020	25 462
2008	23 795	25 662
2009	22 826	25 998

率都在10%以上，中国也已经超过美国成为世界上最大的乘用车消费国。

在石油、天然气以及管道运输等方面，亚洲地区一些国家还持续存在潜在冲突。19世纪到20世纪初期，中亚地区的一些国家就运用"博弈论"的方法来解决它们的冲突。例如，伊朗就面临着这样的潜在冲突。一些国家和地区争夺岛屿权的归属问题，实质上也是在争夺替代能源资源的归属权问题。这些国家更应该相互合作，联合研究新能源，共同应对能源安全的挑战。

未来，中国和印度将是世界能源需求的主要增长国，亚洲地区也因此成为全球能源最主要的消费地区。随着能源技术的革新以及能源市场的复杂变化，这些地区对煤炭和石油的依赖将逐渐变弱，对天然气和核能的依赖将持续变强。当然，煤炭和石油在这些地区一次能源构成中仍占主导地位，石油在未来的几十年里需求也还将进一步增加。发展经济仍然是中国政府当前的首要任务，因此能源安全问题自然而然地成为与政治和经济直接相关的头等大事。中国致力于与邻国以及非洲、澳洲和拉丁美洲等地区的国家发展友好的能源关系，以确保其当前以及未来持续的能源供给安全。未来几十年，中国工业的发展特点和发展方向将直接决定中国未来能源需求总量和需求速度。举例来说，中国当前是世界上最大的铁、钢和水泥的生产国，这就需要在全国范围内修建大量的基础设施来完成这些生产。即使采用世界上最先进的生产技术，都不能改变它们是能源密集型工业的特点。

在给定国际能源需求结构以及未来能源消费方式的情况下，评估全球能源安全至关重要。政府官员和安全专家们一直在考虑传统能源的安全问题，包括海上燃料安全可靠运输问题、领土间的冲突问题，以及空气污染和水污染等环境问题。再考虑天然气这样的新能源资源之后，全球能源市场将变得更加复杂，一系列战略关系的新变化将引发全球范围内对能源安全的新思考。

更为重要的是，一些分析人士和政策制定者对能源安全战略重要
性的认知不足。他们对能源安全的关注还停留在地域性上面，对风险
的关注也过分依赖传统的视角。以中东地区为例，中东地区的石油生
产国地缘政治不稳定带来了一定风险。当然，中东地区之所以成为关
注的焦点还包括如下三方面的原因：第一方面，中东地区仍然是世界
上最主要的能源输出国，其石油供给在亚洲市场上的份额也逐年加
大。根据亚洲基金会 2008 年公布的预测，到 2015 年波斯湾地区 75%
的石油将出口到亚洲市场。第二方面是源于中东地区政权很不稳定。
第三方面在于中东地区随时都有可能发生新一轮的恐怖主义。中东地
区所具有的这些复杂形势，使得全球能源安全面临更严峻的挑战。

4.3　天然气增加了新的能源安全挑战

许多专家认为，天然气将成为未来世界最主要的能源资源，他们
也把这即将到来的时代称为"天然气时代"，天然气也是当前全球广
泛使用的各种能源方式中增长最为迅速的能源品种。相比其他化石能
源，天然气发电的效率很高，其对环境造成的危害也较小。未来，天
然气消费量的增长将主要集中在天然气发电方面，与其他化石能源发
电或者核能发电相比，联合循环燃气发电机组明显具有建设周期短、
发电效率高的优点。随着技术进步，天然气或将成为未来能源供给的
主要支柱。在资源量方面，中亚和东南亚地区拥有丰富的天然气储
量，天然气相当具有资源潜力和市场潜力。简言之，假如每一个合适
的区域都成功铺建天然气管道网络的话，天然气或将成为未来世界能
源的主力。当前，在天然气开采方面也出现了许多新的技术，例如，
在页岩中开展水力裂解技术（Hydrofracking），这项技术目前仍有待
在一些环境问题方面进行突破。

同时，天然气供应业存在潜在的问题。俄罗斯是世界上最主要的

天然气供应国，其拥有全世界约1/4的天然气储量；作为天然气供应国，俄罗斯能否值得完全信任也是一个问题，毕竟其也曾单方面减少对欧洲的天然气供应。如果这些挑战都能得以成功克服，全球将会进一步增加对天然气的依赖，进而减少对石油的依赖，在某种程度上会减轻对海运航线的压力。

液化天然气（LNG）也是颇具潜力的一种能源供给，但其也存在一些安全和环境方面的问题。较高的启动成本和较大的政治风险成为发展LNG的主要障碍。天然气需要大量的管道基础设施作为支撑才能够输送到市场上去，这就需要国家间大力开展双边和多边的合作关系。而实际上，这些国家在合作过程中一方面持有怀疑态度，另一方面却又期望着能够合作共赢。天然气管道铺设通常要途经很多国家，地区间的争端和冲突进一步加剧管道顺利铺设的不确定性。中国当前正在修建的从俄罗斯到中国的天然气管道也面临这一问题。

不难想象，这种情况下国家间新的分歧将不断涌现。修建天然气管道是一个巨大的成本投入，哪些项目需要立项，谁来主持修建，谁来支付费用，天然气管道的线路如何设置等都是需要解决的新问题。地区间以及全球能源网络不断暴露出新的问题，例如，关键组件的脆弱性，液化石油气运输能力严重不足，运输管道严重缺乏等。解决这些问题比建立综合的国际能源安全计划还要复杂和紧迫。

4.4　中东地区发挥的作用

当今世界石油消费快速增长，这一趋势在未来几十年中仍将进一步增强；上文谈到不稳定的中东地区是当今世界最主要的能源供应地，这也进一步增加了能源安全的风险。整个亚洲地区特别是印度和中国，正在经历快速的经济增长和工业化进程，对石油的需求与日俱增，对中东地区的依赖也更加强烈。与此同时，中东地区的石油生产商和出口商也越来越离不开与亚洲的紧密联系，亚洲不仅是它们最大的石油销售地，也是它们收入的重要来源地。从政治和安全的角度，诸如亚洲地区石油消费的快速增长问题，这种需求下对石油增长率的期望问题，以及中东地区成为能源主要供应地的问题，都需要进一步解决。

第一，依靠中东地区的石油供给能够确保世界各地的能源安全吗？中东地区所具有的不稳定的政治环境在一定程度上加剧了石油出口的风险。尽管一些能源进口国在能源资源与能源供给方面形成了本国特有的多样化的能源结构，但近年来的发展趋势显示，世界范围内石油需求持续增加，而这部分需求则主要由中东地区的石油供给来满足。

第二，随着对中东地区石油依赖程度的增加，海洋运输通道的战略地位越发重要。中东到亚洲的主要海上通道为：从波斯湾出发，经过阿拉伯海和印度洋，穿越马六甲海峡和附近水域，最终驶过中国的东海和南海，抵达中国、日本和韩国。当前，美国海军常在这些水域活动，扮演着所谓的"确保这些海上航线安全开放"的角色；而一旦这些水域遭到封锁，日本和韩国这样的能源紧缺国家则表现出十分突出的脆弱性。

第三，由于能源相互依赖的自然溢出效应，东亚和一些其他石油进口国将在中东地区获取更大的政治和经济利益，反之亦然。中国与伊拉克有深入的能源合作关系，日本与阿布扎比以及沙特阿拉伯也有密切的联系，这些都是新兴的亚洲-中东地区互相合作的典型案例。

第四，美国对石油的依赖不再是中东地区，而是转向加拿大、墨西哥以及拉丁美洲、非洲的一些国家；与此同时，亚洲和中东地区能源合作的关系变得更加紧密。从一个政治地理学家的视角来看，亚洲–中东地区不断强化的能源合作关系预示着它们之间形成了新的战略利益，这也势必会增加美国与亚洲国家特别是与中国、日本、印度和韩国等国家之间的摩擦。在未来，美国和欧盟还将会通过经济制裁或者采取禁运措施等手段来干预中东、非洲或者朝鲜等一些国家和地区的政治，亚洲对美国和欧盟的支持态度或将进一步减弱。

同时，亚洲地区为进一步保障其对中东地区能源供给的依赖，将加强这些地区的政局稳定。例如，中国可以从其政治考虑，向中东地区的国家出售军事武器。

4.5　主要能源危机的可能影响

未来将会出现哪种形式的能源危机？一种可能性就是重复20世纪70年代的石油禁运，无论能源供应国是否隶属于OPEC，都可能存在一定的政治动机来中断美国或者其他石油进口国的石油供给。

也有一种可能性就是，在传统的能源供应国当中发生政治剧变或者发生革命，一旦在沙特阿拉伯、伊拉克、伊朗、科威特和阿联酋这样的国家发生政变，能源供给将大幅减少或者中断。

还存在另外的一种可能性就是，海上运输通道发生危险，特别是对于亚洲地区那些石油消费日益增长的国家和地区。海上航行自由具有最高的优先级，美国也长期承诺要确保海上运输通道的安全性，这也是确保地区以及全球能源安全稳定的一个关键要素。

除此之外，影响能源危机的因素还包括行政法规、环境事宜、能源基础设施现状、战略关系转移，以及在中国东海和南海地区潜在的恐怖冲突等。

4.6 市场的作用

当前，随着能源市场的私有化、竞争和开放，能源市场一方面变得更加复杂，另一方面也为解决能源危机提供了所需的资源、资本和基础设施。如果这样，政府则可以完全信赖市场，使之有效地发挥中间作用来满足能源需求，而不再依赖诸如囤积能源这种传统的保障能源安全的方式。

除了发生在20世纪70年代的能源供给短缺事件之外，政府已经不再那么关注它们的能源安全问题了。市场竞争发挥了显著效果，能源部门获得了更多的投资，这些都使得一些国家的能源部门变得更加自由，对外国的投资也变得更加开放。尽管如此，诸如日本和韩国这些能源不能够自给自足的国家，它们时刻掌控能源市场的变化进而确保本国的能源安全。能源公司能够完全信赖市场的行之有效，但政府部门往往担心市场会出现失灵，它们在配置国家重要能源资源的时候，更愿意采用计划经济而不是市场经济。

在后殖民国家里，过去的独裁主义现在变成了政策导向的中央政府，在关注能源安全方面，这个政府从一个更加"现实政治"的安全概念来看待世界的发展趋势，这个安全概念能够解释为什么一些国家特别不愿意去信任那些削弱国家控制力的机构和系统。政府对市场采取不同程度的信任，这些结构和系统在协调政府和市场的区域制度建设方面、在确保能源以合理的价格为世界能源增长需求提供稳定供给方面都扮演了重要角色。

4.7 结论：通向集体能源安全政策的建设性构想

协调和有远见的公共政策措施能够以多种方式更好地解决能源安

全保障问题。

第一，在能源资源使用方面必须采取更加积极的能效和节能措施，特别是在美国、中国、印度和欧盟这样的能源消费大国（地区）之中。能源管理、节能设备和技术，都是至关重要的措施。能源管理包括减少制冷和制热的能源使用管理。

第二，必须给先进技术和新能源最高的优先级，特别是风能、太阳能、生物质能和地热能等新能源发电。能源消费国必须拥有一个多元的能源结构，更好地使用储能技术和氢技术。

第三，通过评估终端能源需求来设置较高的能源消费税率，收益的一部分用于发展新能源和可再生能源供给，收益的大部分则为本国人口提供直接红利。这可以采取"国家能源股息"的形式，正如当前阿拉斯加在其石油生产中所采取的方法一样。

第四，美国必须公开地致力于发展新能源项目，包括上述所提的各类新能源项目，好比肯尼迪总统启动的国家载人月球计划。像制造原子弹的曼哈顿计划一样，要去发展能源生产和节能方面的新技术。

第五，在国际方面，应该基于洲际协议，通过外交与合作，建设性地解决能源安全问题，而不是通过烦冗无效的全球承诺来解决。国际机构可以在其中扮演重要角色。全球都在面临依靠外部能源供给这一共同挑战，更多的国家愿意相互合作而不是相互竞争。区域以及全球的能源安全需要采取多边途径，这个合作基础已经存在，例如，APEC（亚太经济合作组织）和ASEAN（东南亚国家联盟），以及世界上类似的多边国际组织等。

第六，在当今不稳定的国际环境中，区域监管机构的缺失加重了不同区域间的脆弱性。尽管现有的机构在解决这些脆弱性问题方面进行过一系列尝试，但这些区域内的国家在保卫自身能源安全方面，既缺少政治意愿，也缺少军队实力，更重要的是还缺少具体的多边合作的方法和经验。

当前，一些地区实质上的安全架构仍然建立在以美国为中心的一系列双边安全协定基础上，而采取新的方法来实现区域和全球能源安全的时机已经到来。这些新的方法和措施既可以将经济合作与区域安全进程联系起来，又可以巩固各国的经济实力和政治实力。新的区域协定在能源安全事宜的促进下日益形成，为和平安全的能源供应体系提供了合作和利益分享的准则。

尽管有很多潜在的区域能源合作，但国家间不同的利益诉求大大阻碍了早期能源合作所取得的努力。区域能源合作往往缺少明确的共同目标，这使得所达成的承诺在很大程度上无法兑现，如联合战略储备以及区域天然气管道建设等。

第七，十分明确的是，国际机构应该在巩固能源资源安全和稳定方面发挥重要的作用。金融机构在这一方面尤为重要，世界银行（World Bank）和其他国际发展银行（IDBs）要牵头建立实施标准来促进国际合作。例如，当参与管道建设项目的某些国家持有消极态度，单边采取行动抵制项目实施时，国际金融机构可以为这些提供金融安全服务。

当致力于能源安全事宜的区域机构建立起来以后，那些国际贷款机构就可以在能源安全方面应对新的更大的挑战。这些努力或许在加强区域能源合作方面并不必要，但对于那些致力于全球事宜的组织来说是必不可少的。

最终，建立稳健的和有前瞻性的国际能源安全政策对未来全球的稳定和可持续发展至关重要。但是，在以美国为中心的日益动荡的单极世界里，世界各地能否形成一个整体来应对即将到来的严峻挑战，还有待进一步观测。

在最广泛意义上，能源安全事宜包括三个层面：第一个层面关乎缓解石油供给中断带来的脆弱性问题，这是一个短期且十分棘手的问题；第二个层面关乎国际能源系统长期平稳运行的问题，确保能源供给在一个合理价格水平上长期满足能源需求的增长；第三个层面关乎可持续发展的问题，能源的生产和使用必须逐步地被新的能源形式所取代，这些新的能源形式对环境产生的危害将更小。但是，一旦哈伯特顶点到来并开始危害世界化石能源供给，上述努力所能产生的效果将会微乎其微。

[第 5 章]

能源谬论与能源简史

5.1　能源谬论

下面列出了一些常见的与能源表述有关的谬论：

- 地球上拥有充足的化石能源，足可支撑未来几百年的使用；

- 4 美元/加仑的汽油价格实在是太高了；

- 石油是石油公司生产的；

- 石油用尽之时，市场可确保出现其他燃料作为替代；

- 核能是劣质能源；

- 我们可以通过节能来阻止能源危机的到来。

上述有关能源的表述都有错误之处，其中一些是完全错误的，另外一些则是部分错误的。要想正确地阐述能源，我们必须明白能源是怎么一回事儿。下面将详细阐述。

太阳内部发生的核反应使得太阳表面呈白热状态，进而太阳表面以光的形式（可见光和不可见光）向宇宙各方向辐射能量。地球距离太阳 9 300 万英里，其在太阳系当中接收太阳辐射的能量非常小，而在这些非常小的辐射能中，约有 30% 的能量被地球反射回到大气当中，约有70%的太阳辐射能被地球吸收。

一个物体受到辐射，温度不断升高，并随着自身温度的升高，其向外部辐射的能量也逐渐增大，直到物体向外辐射能量的速度与其吸收能量的速度相平衡时为止。只有达到这种平衡状态，物体的温度才保持平衡——不再升高，也不再降低。在任何一个历史时期当中，太阳系中的每一个天体，包括地球、月球以及其他一些天体，它们与太阳之间一直保持着吸收能量和辐射能量相平衡的状态。这一基本事实也直接决定了地球表面的温度水平。

地球向大气空间辐射能量的速度取决于地球表面的温度。由于地球吸收的辐射能仅仅是太阳辐射能中很小的一部分，而向外辐射的能量又远比接收的太阳辐射能少，这就使得地球表面达到的平衡温度远比太阳表面的温度低。理论上，地球表面平均温度在0华氏度（°F）时能够将其吸收的全部太阳辐射能都辐射出去。我们肉眼看不到地球辐射，因为地球辐射的光谱位于我们肉眼所能够观测到的可见光中红色光谱之外，因而地球辐射也被称为红外辐射。

然而，这并不是地球辐射的全部情况。如果地球表面平均温度只有0°F，或许这个星球就不会出现人类了。实际上，地球拥有一个奇妙的大气层，这个大气层对太阳光而言几乎是完全透明的，而对于来自地球的红外辐射来说是完全不透明的。这就使得地球向外辐射的能量被这层大气所吸收，这层大气向外空间辐射的能量来自地球吸收的能量，同时也以热的形式向地球表面辐射热量，这使得地球表面能够维持在57°F的舒适温度——这就是大家所熟知的温室效应。如果没有温室效应的存在，就不会有温暖的地球，也不会有我们人类存在。

在太阳和地球这个完美的能源平衡系统中，还存在一个小小的但很重要的例外，那就是落到地球表面上的太阳光中，还有非常小的一部分被用来滋养生命。那就是在太阳光的照射下，植物依靠光合作用来生长，而动物又以这些植物为食，最终动物和植物都将死亡。大自然的地质运动将这些有机物（动植物尸体）深深地埋藏在地球内部，这就是化石燃料形成的过程——也正是通过这个过程，照射在地球上太阳光中的很小一部分份额最终才以化石燃料的形式存储下来。化石燃料的形成过程极其漫长，效率也非常低，地球系统经历了数亿年才最终形成了我们当前所知的有一定规模的化石燃料供给。

正如我们之前所提到的，有些专家认为，地球拥有的石油资源足可支撑石油消费几十年，地球所拥有的煤炭如按以当前消费速度计算也足以支撑上百年。本章开头所提到的谬论大都基于一个未声明的假设，那就是石油危机将发生在最后一滴石油被开采出来的时候，煤炭以及其他化石燃料的危机也是如此。而哈伯特顶点的分析则告诉我们，当我们跨过了哈伯特顶点之后，石油和其他化石燃料开采的速度将会下降，危机即将发生。这仅仅是美好前景中的一个谬论而已。

有关能源消费速度是当前最大的谬论。一方面，美国人均能源消费量世界最高，是世界平均水平的 5 倍，也是世界各国所纷纷向往的；另一方面，人均能源消费与女性生育水平有很强的负相关性，也就是说一个国家越富有，人均能源消费水平越高，儿童出生率也越低。如果世界各国都力争尽快达到发达国家的水平，那么一段时间后地球上将有 100 亿的人口，他们大量地消耗化石能源，过着相对舒适的生活。而如果第三世界国家依然处于贫困状态，那么地球上的人口将达到几百亿，其消耗的能源总量也不会少。无论上述哪种情况发生，化石燃料消耗殆尽的时间都将比预想的时间更早。目前，中国和印度逐步进入机动化时代，机动车快速增长，这也进一步加速了化石燃料的消耗。

在美国，很多人一直在抱怨 4 美元/加仑的汽油价格很高。可在这样的价格水平下，汽油几乎是在美国所能够买到的最便宜的液体了，就连购买等量的桶装水也需要支付大约 2 倍的价格。便宜的汽油价格催生了石油的大量消耗——美国人口约占世界人口的 5%，而其石油消费量却占世界石油消费总量的25%——便宜的汽油价格不仅没有能够解决能源危机，反而造成了更大的麻烦。

全世界每年的石油开采量大约是300亿桶。石油公司声称"生产"了石油，但实际上它们并没有真正地生产过一滴石油，它们仅仅是将发现的石油开采出来，这也正是石油之所以如此便宜的一个原因。当然在地面上钻井以及决定在哪里钻井都需要一定的成本，但是地球亿万年积累形成的宝贵液体燃料就真的只值从地下将其开采出来的成本吗？传统经济学、产权等就不能发挥作用吗？

提到传统的经济学方法，经济学家们深信，当石油开始走向枯竭的时候，日益上涨的石油价格足可使一些价格昂贵的燃料在市场上具有优势，可事实总是比我们所预想的情况更加复杂。历史显示，当我们宝贵的石油出现临时性短缺的时候，我们并不能以一个有序的和可预测的方式做出反应。无论我们是否恐慌，疯狂抢购就足以击败我们每一个人。石油是我们文明的基石，目前没有任何其他燃料可以替代它。最终，如果我们将不得不大量地使用重油和其他化石燃料，那么我们的气候系统将面临不可预测的灾难。总而言之，我们正面临着十分严峻的能源问题。

很多人都恐惧核能，但在现实生活中我们所有的能源几乎全部都来自于核能。我们使用的太阳能来自于太阳的核聚变反应；地球内部的热量来自其放射性元素的自然衰变；人造核反应被应用于核裂变反应堆和原子弹当中（仅有潮汐能是一个例外，它是由地球自转而产生的，世界上唯一一个潮汐能发电站位于法国兰斯河河口）。除潮汐能以外，任何一种能源几乎都源自于核能。当然，人们真正恐惧的并不是太阳当中和埋藏在地球当中的天然放射性，而是人类自己所实现的核反应。历史上曾经出现过几次比较严重的核事故，但这些核事故的严重程度远低于历史上曾经发生过的一些煤矿事故和钻井事故。在英国历史中，仅19世纪下半叶就有超过10万的男人和儿童死于煤矿之中。相比之下，切尔诺贝利核反应堆事件造成的实际死亡人数约为 2 500 人。尽管核裂变反应所消耗的铀燃料也是有限的，当我们找到更可靠的方式来处理核反应堆产生的核废料的时候，安全可靠地运行核反应堆将是获得最安全和最清洁能源的一个容易途径。

还有另外一种潜在的可获得能源，那就是来自可控核聚变的能源。下文中我们还将对核聚变反应与核裂变反应技术上的不同进行阐述。尽管核聚变所使用的燃料几乎是取之不尽的，但目前我们已有的科学原理还不能够控制核聚变反应的中止。正如前文所提到的那样，发展核聚变相当困难；除了数十亿美元的投资以外，核聚变在过去的 50 年里也发展了 25 年。将我们文明的未来寄希望于传统方式的核聚变或是寄希望于大多数科学家仍在怀疑的冷能源（cold kind），这看起来都不太明智。

通过节约能源的确有助于我们未来的发展，然而节约的这些能量并不是我们必须要存储的能量。物理学最基本的定律之一就是能量守恒定律，能量能够从一种形式转变成另外一种形式，或者从一个载体转移到另外一个载体，但是它不能够被创造也不能够被消灭。我们不需要将能量存储起来，因为大自然早已为我们存储了。同理，能源危机将不会出现。但这并不意味着我们不再面临能源问题，这只是我们并没有使用正确的术语来描述这个问题。正确的表述应该是，我们正在大量使用燃料，我们必须学会节约燃料。

5.2　能源简史

18 世纪，热量被认为是一种叫作卡路里的流体。热量就好比水一样，水从高处流向低处，热量也从高温的物体流向低温的物体；热量只能流动，既不能被创造，也不能被消灭。现代物理术语认为，热量是守恒量，热量理论既严谨又定量。特定温度下给定体积的铜块所拥有的热量是确定的，如果将其放入已知体积的冷水中，就能够计算出有多少热量从铜块中流入水中，最终也可以精确地得到两种物质平衡时的温度。然而，前美国殖民者康特·冯·拉姆福德（Count von Rumford）发现了热量理论的缺陷。

本杰明·汤普森（Benjamin Thompson）于1753年出生在马萨诸塞州的沃本（Woburn，Massachusetts）。他曾做过侦察兵，随后在英国革命战争中指挥过一个团；再之后他远走他乡，先后来到英格兰和巴伐利亚。在汤普森的职业生涯中，他对詹姆斯·瓦特（James Watt）发明的蒸汽机进行了改进，同时也将马铃薯推广到普通的饮食当中，以及发明了滴漏式咖啡壶，并于1791年被巴伐利亚州选举为冯·拉姆福德伯爵（Count von Rumford）（拉姆福德（Rumford）就是我们现在叫的康科德（Concord）的地方，新汉普郡（New Hampshire）是他妻子出生的地方）。本杰明·汤普森是我们今天非常值得纪念的一个人，在他的科学文献里阐述了炮筒中产生大量的热量的事实，而根据热量理论，这是不可能的。

冯·拉姆福德伯爵的炮筒实验和一些其他的观察最终突破了热量理论。卡路里或者热量本身不是一个守恒量，它只是以一种我们称之为能量的可能形式存在。在19世纪上半叶，拉姆福德伯爵和其他人尝试着测量摩擦和机械运动所能够产生的确定热量。在某种意义上，我们当前所称之为能量守恒的定律，曾在9个不同的时间点上被发现。当这样的事情发生了，得到赞誉的人往往不是第一个发现它的人，而是最后一个发现它的人——因为最后发现它的人总结得更加全面。这个人的名字就是詹姆斯·普雷斯科特·焦耳（James Prescott Joule）。

焦耳是一个富有的啤酒制造商的儿子，1818年出生在英格兰的曼彻斯特。他在家庭中接受了良好的教育，16岁的时候离开家去了剑桥，师从于著名化学家约翰·道尔顿（John Dalton）。在完成学业之后，焦耳回到了曼彻斯特，基于他父亲的房子修建了一个图书馆。自始至终焦耳自掏腰包支持自己的研究。他最著名的实验是将一个黄铜材质的翼轮置于水池当中，该翼轮由砝码和滑轮带动旋转。重4磅的砝码每次下落36英尺的距离，速度约为每秒一英尺。之后，砝码再次被吊起，循环上一过程，保持翼轮旋转。重复这个过程16次之后，再用敏感的温度计测量水温升高的温度。焦耳又改变实验条件重复进行了9组不同的实验，包括在没有翼轮搅拌情况下探测水的温度变化。

基于这些实验结果，焦耳得出结论，使1磅水升高1华氏度所需要的热量——我们所熟知的英制热量单位1Btu——等于将重量为890磅的重物升高1英尺所做的机械功。他在3个以上的实验中得到了类似的结论：电磁实验、体积变大使空气温度降低以及让水流过细长管子测量水的热量。平均这些实验的结果，他精确地得到1Btu的热量等于将817磅重物提升1英尺距离所做的功。今天普遍采用的数值是775磅。值得注意的是，获得1Btu的能量需要足够多的砝码提升1英尺，依靠搅拌咖啡这个动作所产生的热量是十分有限的。

热量单位的专有名词：1卡路里（名字来源于古老的卡路里理论）即为使1克水升高1摄氏度所需的热量。食物的热量通常以千卡为单位，1千卡就是1 000个卡路里。机械做功通常用焦耳为单位。1焦耳是将重1牛顿的物体（大约25磅）提升1米的距离所做的功。1卡路里的热量等价于4.2焦耳的能量，1Btu的能量与1 000焦耳相等。

焦耳相当明确地指出，水温升高的原因不论是高温物体的能量传导而来，是由翼轮搅拌产生，还是其他机械摩擦所导致，实质上是没有区别的。焦耳将水所增加的"东西"称为"vis-viva"，也就是我们所说的"能量"。

能量守恒定律是自然界所有定律中最重要的一个。热量和功意味着能量能够从宇宙中的一个物体或者系统中的一个部分转移到其他物体或者系统中的另外一个部分中去。能量能够以多种方式存在，其中最重要的是动能和势能。重力势能、化学能、核能都是势能的不同形态。

动能是运动物体所具有的能量。小汽车沿着街道行驶或者保龄球在球道上翻滚，它们都拥有动能，因为它们都处于运动状态。当你踩刹车停下行驶小汽车的时候，小汽车的动能转化成为刹车板的热能。作为一名富有激情的热力学家，我拥有一辆气电混合动力汽车。当我（DG）踩下刹车的一刹那，至少有部分的车动能转化成为电能储存到汽车的电池中去。

即使是处于静止状态的物体，由于构成物体的原子和分子进行着不停歇的随机运动，因而它们也拥有动能。物体的当前温度正是它的原子和分子的平均动能总和，不论该物体是以固态、液态还是气态的形式存在。物体的温度越高，它的原子和分子的振动也越快。原子和分子随机运动的能量被称为内能，我们经常简单地将其称为热量。

关于温度的单位：绝对温度是由开尔文（Kelvins）测量的，其单位刻度大小与摄氏度相同，只不过零点温度不再是冰水混合物的温度了，而是绝对零度。绝对零度是可能达到的最低温度——在该温度下，物体只要运动足够小的距离就能将能量消耗殆尽，这一温度为-273℃（或者-459华氏度）。

运动具有的能量为动能，位置具有的能量为势能。例如，当科学家焦耳将砝码升高36英尺的距离时，他对砝码做了功并将这些功转化为砝码的重力势能。正因为升高了36英尺的距离，砝码才拥有了潜在的重力势能。随着砝码所处高度的下降，砝码潜在的重力势能转化成为翼轮和水的动能，最终全部转化为水的热量（或者热能）。

让我们在一些常规事件中分析能量的转化过程。当你提升重物离开地面的时候，你需要对重物做功；而做功所需要的能量来自于你早餐的谷物中所含有的糖，这些食物的卡路里（或者千卡）已经写在了包装盒的上面。此时重物拥有了重力势能；当你放开重物，物体在重力的作用下潜在的重力势能立即转化为物体下落时的动能。当物体抵达地面的时刻，重力势能消失，全部能量转化为物体下落的动能。当物体撞击到地面上时，转瞬间一切又变得静止。

你所做的功究竟发生了什么？你不是那种无法掌控自己做功的人，但毕竟能量应该是守恒的。能量去哪里了呢？物体撞击到地面上的那"咣当"一声，就是很好的线索。"咣当"一声形成了冲击波，分别通过空气和地面进行传播并不断地反弹，不断地增加空气和地面中原子和分子的轻微随机运动，以及屋子中其他物品的轻微随机运动后，并最终稳定下来。于是，整个系列事件的最终结果是，早餐食物中的能量转化成了无用的热量。

在自然界中以及我们日常的机械过程中有无数个这样的例子，这些过程看起来与势能和动能的守恒相差不大。例如，一个钟摆，当钟摆围绕圆弧来回摆动时，钟摆在底部位置时拥有动能，而随着钟摆高度增加动能转化成为重力势能，最终钟摆静止时全部动能转化成为重力势能。但是，如果我们做一个钟摆并让它反复运动，钟摆振动的幅度会越来越小，最终钟摆将会静止。我们说，连接点处的摩擦和钟摆运动时与空气的接触，一步步地将势能和动能转化成为热量。换句话来讲，能量是守恒的，我们最初给钟摆的能量最终变成原子和分子的振动。

当然，我们可以这样说，但是我们如何才能确定这种说法是正确的呢？我们如何才能知道这不是物理学家为令人尴尬的能源消失而编造的谎言呢？答案就在焦耳所设计的巧妙的钟摆实验当中。当钟摆装置将摆动的能量转化成为热量，能量并没有虚无缥缈地消失，而是转变成为可观测的轻微升高的温度。在钟摆这个例子或者在前文所提到的重物落地的例子当中，所增加的温度非常小，难以精确地测量。但是，焦耳设计了非常巧妙的实验，在这个实验当中损失的机械能足够多，水温变化得以精确地测量。利用这一装置，焦耳指出：一个给定的机械能——包含动能和势能的总和——总能转变成为等值的热量。因此，总有一种"东西"是守恒的，无所不在，无处不在。我们将这种"东西"称为"能量"。

我（DG）在加州理工大学给大一新生讲这一理论的时候，经常给他们做一个演示实验。一根长长的绳子一头系着保龄球，另一头系在教室的天花板上。我站在讲台的一边，悬挂保龄球的绳子被拉直时，保龄球恰好轻轻地碰到我的鼻子上。然后我释放保龄球，让它做一个长长的钟摆运动，来回摆过讲台。在球完成它的长摆运动过程中，同学们有足够的时间来观察和记录。如果钟摆运动有一次违背了能量守恒定律，即保龄球在房间中20英尺的距离来回摆动中，有一次达到的高度位于保龄球的初始位置上方1英寸的距离，这将会让我一整天都不好过（保龄球将撞到鼻子上）。每一次，我都在没有任何保护措施的情况下，不情愿地看到保龄球只在重力和能量守恒定律作用下，向我直冲而来。当然，保龄球在完成它的钟摆运动中，从来都没有碰到过我的鼻子；在摩擦和空气阻力的作用下，保龄球每次的位置都要低于之前的位置。当你在做这个演示实验的时候，最好的防护措施就是千万不要向前移动。

能量也可以被储存在化学品当中。食物的能量就是化学能的一种形式，燃料则是另外一种形式。原子结合成分子，由于它们之间形成相互作用关系，它们之间拥有了一定的势能。如果它们能够与拥有其他原子的分子相结合，它们就需要重新排列分子的顺序，使之拥有更少的势能，而将多余的能量以其他形式释放出来。

由于石油和天然气是本书讨论的主要话题，下面就让我们以它们为例。石油和天然气是由碳氢化合物组成的——它们的分子由不同数量的碳原子和氢原子共同组成，但是它们之间的组合方式比较"松散"。如果它们与氧混合——或与含氧量20%的空气混合——混合物就有可能变得更加紧密。氢原子能够从它们的分子中脱离出来并与氧原子结合形成水这种比较稳定的分子。同样，碳原子也能够与氧结合形成二氧化碳这种非常稳定的分子。当一种分子非常稳定——或者说原子结合得非常紧密——它们拥有的势能就很少，不利于其进行分解。与燃料分子相比，水和二氧化碳分子都具有很低的势能，这意味着有更多的能量以热的形式释放出来，这就是燃料燃烧的整个过程。当然，如果燃料与少量的空气进行混合，燃料是不会燃烧的。燃料分子必须先要断裂开，原子才能够更有机会重新组合。这也是汽车火花塞的工作原理，也是火柴之所以能够被点燃的原因。一旦燃烧开始，这个过程能够产生大量的热使之持续燃烧。

原子的原子核也拥有势能。在元素周期表中，所有比铁元素轻的那些元素的原子核能够再次形成其他的原子核，新形成的原子核比构成它的全部原子核的总和要小——这就是说，最终静止状态的原子核拥有的质量大于构成它的任意一个原子核的质量，但是小于构成它所有原子核的质量之和。根据爱因斯坦著名的质能方程，损失的质量变成了热量。另外，比铁原子重的原子核能够分裂，也容易留下总静止质量更低的原子核。根据爱因斯坦质能方程，原子核多余的静止物质就是势能形式的一种。在元素周期表当中，铁原子核拥有的势能最低。

轻原子核相结合的过程被称作"剧变"，剧变反应产生的能量诸如太阳和氢弹一样。剧变反应是一种核反应，在地球上我们目前还无法控制核聚变反应堆。而重的原子核分裂的过程被称为"裂变"，这种类型的核反应已经在早期的原子弹中使用，也是当前广泛使用的人造反应堆的主要形式。

第6章

能源经济学和气候变化

6.1 介　绍

经济与能源和气候变化之间的关系更加紧密和错综复杂，本章将着重探讨它们之间一些重要的相互关系。正如前面所述，能源是现代社会经济的重要基础，而我们目前大量使用的能源仍然是石油、煤炭和天然气等含碳的化石能源。上述任意一种化石燃料的变化，不仅将对北美、欧洲、澳大利亚和日本等发达经济体产生深远的影响，同时也将对包括中国、印度、俄罗斯、巴西、东欧和南非在内的新涌现的主要经济体，以及非洲、亚洲和拉丁美洲等地区的发展中国家产生重大的影响；同时，这些经济体自身的发展也将对能源资源和能源变革产生重要的影响。下面将以 2011 年中东的"阿拉伯之春"事件为例，进一步阐述经济和气候变化与政治以及人权之间的紧密关系。

气候变化在很大程度上来源于碳基燃料的大量燃烧，特别是煤炭、石油和天然气这些化石燃料。煤炭和石油燃烧所产生二氧化碳以及其他温室气体，将对自然环境产生深刻的负面影响。天然气的主要成本是甲烷，其燃烧的产物主要是水和二氧化碳，尽管天然气的燃烧也会对环境产生一定的负面影响，产生同等电力情况下使用天然气对环境产生的负面影响仅仅是煤炭的一半。

本章中，我们还将探讨一些用来解决能源问题的经济方法。我们将从两个方面讨论：一个方面是关注经济中的能源作用；另一个方面是经济和能源部门的相互影响。

当前，世界处于能源转型的初始阶段，从我们已经依赖几十年的人为低成本的碳基化石燃料向气候友好型的高成本替代燃料转型。这一转型过程中将面临众多挑战，包含诸如能源短缺、各种燃料成本增加，以及世界范围内寻找新的能源资源等。转型的结果也将对国家以及能源相关的各个经济部门、个人、产业、政府和其他组织都产生重要的影响。廉价的化石能源已经支撑了世界经济增长几十年，这个时代即将宣告结束，向新的能源体系转型需要付出更高的代价和更艰苦的努力。

有人说，美国及其同盟国曾在财税、政治以及人权等方面人为地操控较低的燃料价格，并以此支付了巨大的成本。例如，美国及其同盟国每年支付几十亿美元到上万亿美元来维持对OPEC国家和中东地区政权的统治，以贷款、对外军售、对外贸易和其他的政治支持等手段来维持对这些政权地区的"友好"统治。由于这些政权将数以亿计的美元用于战争，再加上美国支持在战争中失利的极权主义政权、独裁者，这使得这些地区的人们生活和人权的成本变得更高。"阿拉伯之春"和2011年的持续暴动，进一步揭示了它们在政治、金融以及人权方面的成本。

现在，很多人都意识到，气候变化不仅真实存在，而且对每一个国家来说形势都十分严峻。2007年诺贝尔和平奖颁发给了联合国政府间气候变化专门委员会（IPCC）和美国前副总统阿尔·戈尔（Al Gore），以表彰他们在气候变化领域的卓越成就。2006年戈尔的纪录片《不可忽视的真相》获得奥斯卡金像奖，这部纪录片对气候变化的普及和推广做出了卓越的贡献。几乎全世界所有的权威科学机构都认为，气候变化引起的环境退化问题是地球系统当前所面临的最为重要和紧迫的问题。人们正积极地在各个方面探寻解决这一问题的科学和技术方案，与能源和气候变化问题关系最为紧密的就是经济（和政治）问题了。

尽管包括水电、风电、太阳能发电、地热能、生物质能以及核电在内的替代能源和可再生能源发展的规模还远远不够，但它们目前正在稳步增长并已发挥出一定的作用，未来这些燃料的使用也将进一步显著增长。同时，经济政策也将在增加替代能源和可再生能源推广、减少相关化石燃料消耗、减少温室气体排放等方面发挥重要作用。

6.2　斯特恩报告

权威的斯特恩报告《气候变化经济学》在英国出版，由著名的英国经济学家尼古拉斯·斯特恩勋爵指导完成。斯特恩报告是一个重要里程碑，它阐述了气候变化对全球经济产生的严重不良后果，并指出人类活动是造成气候变化的主要原因。该报告发布于 2006 年，对其后气候变化领域的相关工作发挥了重要的作用，斯特恩报告总结出如下结论：

"充分的科学证据表明：气候变化导致了严重的全球危机，急需全球采取积极急迫的行动。"

斯特恩报告论述了有关人类引起气候变化的科学证据及其影响，也探讨了政策在向以新能源和低碳能源为主体的经济转型中所面临的严峻挑战。同时，报告也指出，"在创建碳价信号和碳市场方面，在鼓励技术的研究发展和部署方面，以及在促进适应性方面，尤其是发展中国家的适应性方面"，需要紧迫的全球行动和国际合作。

斯特恩报告运用了情景分析的方法，在其基准情景（BAU）中考虑了风险问题，得出气候变化将对世界经济产生不可逆转的不利影响的结论。报告指出，气候系统的动态反馈将进一步放大气候变化的影响，同时也强调，这些动态反馈有更大的可能性导致全球平均温度的显著上升，并对地球系统产生不可逆的损害。报告进一步分析指出，这些不可逆的后果将进一步威胁水供给、粮食生产、健康和环境等方面。事实上，温室气体已经导致了冰川融化、海平面上升、粮食产量下降以及威胁全球生态系统，并正在进一步加速全球变暖的趋势。

　　斯特恩报告更进一步提出，气候变化对发展中国家以及最贫穷地区的影响更加显著。因此，需要大力主张发展新能源技术和新经济政策来减缓对这些地区带来的威胁。相应的政策包括：减少排放密集型产品和服务的需求，向低碳发电、发热技术转型，批准碳税政策以及设置合理的碳价（这将在下文讨论）等。其他的政策建议还包括一些直接制度、交易方案（例如，总量控制和排放交易）、行为改变，以及使用新技术（这部分也将在下文讨论）等。斯特恩预测，如果要在2050年稳定大气中温室气体的浓度，每年需要支付的成本将占全球GDP的1%，这个水平是"成本相当可观，但仍属可控"。

　　斯特恩报告强调了减缓全球变暖至关重要的三个政策因素：碳价（下文将作为碳税讨论）、技术政策（在研究技术革新的章节中讨论）和消除行为变化的障碍。斯特恩报告进一步提出，如果我们现在就积极地开始共同行动，并通过这些行动建立起有效的兼顾效率和公平的原则，我们还有机会避免气候变化的最坏影响。

6.3　能源经济学

　　在这里我们运用标准的经济学概念——供给、需求、生产、消费和成本——来分析能源经济学。当今世界，能源需求主要来自公共服务业和私人企业，还有一小部分的能源需求来自家庭和政府。能源是企业正常运行的根本，一般而言，能源需求相对价格变化不具有弹性，这也就是说各种能源价格的变化对能源需求的影响较小。换句话讲，价格在一个较大的范围内变化时，能源需求将保持相对稳定。另外，能源需求对能源使用者的收入也不具有弹性，当企业的收入在较大范围内变动时，企业的能源需求也不会有太大变化。

经济学家们把能源需求称为"需求驱动力"，也就是说这些能源需求来自于产品的生产。由于电力生产主要来自于煤电厂，因而对煤炭的需求在很大程度上由煤电的需求所决定。通常，随着产品需求的增长，能源需求也随之增长，在供热和运输部门需要消耗更多的石油和天然气，电力部门需要消耗更多的煤炭。未来全球对这些能源的需求取决于对经济增长的预期，实际上存在很大的不确定性。因此，未来能源方面主要的挑战将是寻找到新的能源资源，并发展新的能源技术来增加它们的产量和使用，使之满足全球不断增长的能源需求。

能源产量由能源供给所决定，包括化石能源和可再生能源两个方面。化石能源的供给符合经济学家提出的"规模效益递增"规律。也就是说，如果增加一倍的资本、人力和能源等要素的投入，商品的产出将大于一倍。"规模效益递增"的结果就是，大部分化石能源的生产集中地控制在几个大型生产者手中，这些生产者可对政策和经济产生重大的影响。当这些生产者增加它们的产量来满足日益增长的能源需求的时候，它们不得不将大量的资源投入到化石燃料的探索和生产上来。以石油为例，曾经石油的勘探和开采都相对较为容易，而随着石油的大量消耗，现在石油的勘探和开采越来越难，成本也越来越高。石油钻井也转移到了近海领域，钻井的深度也越来越深，在石油开采风险不断增加的同时，潜在的环境危险也日益增加。2010年墨西哥湾"海岸地平线"油井就曾发生了大量石油泄漏的事件，潜在的更大的泄漏事件也可能在世界范围内发生。如果在北极区域大量钻井采油的话，一旦发生泄漏事件，其产生的后果更为严重，比墨西哥湾泄漏事件更难处理。

相似的情况也适用于煤炭。尽管开山采煤方式的创新在一定程度上改变了煤炭生产的经济性，但这种方式具有负的成本，并造成严重的环境破坏。尽管全世界天然气资源相对较为丰富，但天然气生产者们不得不像开采石油一样，在更加遥远的地区开采，这就需要生产商在修建管道基础设施和技术方面增加投入。和能源生产中其他技术成本一样，上述增加的生产成本最终全都传递到消费者那里。

当前不断发展和推广使用的水压裂解技术，是从页岩中提取天然气的一项新技术，也是当前能源经济发展中的标志性事件之一。就这项技术而言，提取过程本身成本就很高，同时也进一步增加了环境问题与风险。近些年来，水压裂解技术（也称为"水力压裂"）经历了从饱受争议到备受欢迎的过程。水力压裂技术需要非常高的压力将压裂的液体注入地下，产生新的断裂和裂缝，进而增加天然气和石油的产量。这一过程目前仍然存在很大的争论，主要原因在于注入地下的压力非常之大，潜在引发包括地震在内的环境问题。尽管这并没有得到科学的证实，但这些方面的考虑值得我们重视，一旦裂解技术应用于一些我们不熟悉的地震活跃的区域，地震很有可能随之发生。

在可再生能源方面，需要支付大量的固定成本来促进它们的实用化发展，包括修建水电站大坝、核电厂、太阳能收集阵列、风电场的涡轮机等。如果这些成本投资由所提供的能源供给进行偿还，回收周期一般都会很长（回收周期为所投入的固定成本最终全部被偿还的时间周期）。

正如前文所提到的那样，工业部门主导的能源消费相对简单，能源价格和收入之间具有典型的缺乏弹性的特点。非工业部门的能源消费通常被能源部门所忽略，只有大规模的能源事件，诸如 1970 年的石油禁运、2006 年 1 月和 2009 年 1 月俄罗斯停止向乌克兰和一些欧洲国家供应天然气等能源危机事件出现时，它们才会被能源部门所关注。1989 年，由于罕见的太阳风暴破坏了地球磁场，魁北克电力公司不得不大范围实行电力灯火管制，这使得人们自发地意识到电力在生活中的重要性。以太阳活动、飓风、地震和海啸为代表的小概率大影响事件，不仅能够摧毁基础设施，对能源、交通、食品、饮用水等造成长期严重的后果，也能够对金融、通信、GPS 和导航系统等造成大范围破坏。一些类似的后果我们已经在日本 2011 年 3 月的福岛核事故（由地震和海啸导致）中看到了。

世界上大部分的石油都产自发展中国家，如沙特阿拉伯、伊朗、墨西哥、阿拉伯联合酋长国、伊拉克、科威特、委内瑞拉、尼日利亚、巴西、安哥拉、阿尔及利亚、利比亚、哈萨克斯坦、阿塞拜疆、印度尼西亚，它们之中的很多国家也都属于 OPEC 石油输出国组织。OPEC 在世界石油定价中扮演着重要的角色，特别是沙特阿拉伯，它拥有通过控制石油供给来影响全球石油价格的能力。另外，包括俄罗斯、美国、加拿大、挪威以及英国在内的一些发达经济体也是重要的石油生产国，但它们并不隶属于 OPEC 组织。目前，大部分的石油都是以成品油的形式在美国和欧盟等发达经济体中消费，中国和印度的成品油消费也增长快速。

俄罗斯是最主要的天然气生产国和供给国，也曾提议要在天然气供给方面成立一个类似 OPEC 的国际垄断组织。俄罗斯也可以运用调控天然气供给的方式，来对它的天然气进口国施加影响。目前，俄罗斯天然气工业股份公司（Gazprom）是俄罗斯最大的公司，不仅垄断了天然气的生产、运输和供给，也成为目前重要的石油生产商和经销商。

　　经济学家指出，能源使用对气候变化的影响具有"外部性"，其中外部性所产生的直接效应是指一个经济主体不通过价格市场对另外一个经济主体产生的影响，也就是一个经济主体的行为对另外一个经济主体的全局产生的直接影响。燃烧化石燃料就是外部性的一个非常好的例子，它对全球变暖和气候变化产生了重要的影响，但又不涉及任何的市场交易。

　　经济学家在研究政策和能源相关问题时，通常使用成本－收益的分析方法。一个政策初始成本的净收益由政策持续的时间周期所决定。为了使这些收益可比，人们将成本的未来净收益以一个合理的折现率向基础年份进行折现，并将这些折现的收益加总来确定这些替代政策的总现值。这种方法能够适用于减缓气候变化，也能够对总的社会福利产生积极贡献（下文将有进一步的阐述）。

6.4　经济工具如何减缓气候变化

　　经济工具在减缓气候变化方面将产生本质的和重要的影响，但我们认为，这些经济工具所能够发挥的作用是有限的。首先，科技发展将产生新的方法来应对气候变化问题（在下一章中讨论）；其次，将出现新的和具有深刻见解的经济分析方法。历史上在发明了蒸汽机之后，有些人建议取消英国专利局，他们认为不会再出现更有价值的发明了，这或许会对我们有启示作用。在下一章中，我们将要探讨那些有关能源技术革新的相关研究项目，这些技术将不会对气候变化产生不利的影响。

　　美国当今的电力结构当中，只有10%的电力来自可再生能源，45%来自煤炭，24%来自天然气，19%来自核电。一些潜在的替代能源和新能源将逐步替代煤炭的消费，包括：

● 水电。修建水电站大坝不仅时间长而且费用高。在美国大部分
的河流上，那些适合修建水库的地方都已经修建了水库。

● 风电，使用大型风电厂。这一领域过去一直由美国所主导，但
近年来被欧洲和亚洲所超越。风电是一项很有用的能源技术，但以这
种方式产生的电力是相当有限的。作为批评者，风电场在无风时不得
不停机，存在一定的环境缺点。

● 增加天然气的使用，很多人都认为天然气是非常好的未来能
源。天然气不仅储量丰富，而且相比其他化石燃料更为清洁。当然，
发展天然气需要在基础设施方面进行大量投资，包括天然气液化的加
工（液化天然气，方便船舶运输）、管道运输、液化天然气气化工厂
等。从页岩中提取天然气的深水裂解技术，使用规模也不断扩大，在
天然气的清洁生产方面具有更大的潜力。尽管深水裂解技术代表了当
前能源生产领域的重要发展方向，但正如我们之前所提到的那样，该
项技术仍有潜在的环境问题和风险。

● 更加信赖核能。美国和世界其他一些国家已经安全使用核能多
年，认为核能是未来电力的主要来源。丰富的铀资源和发电过程中不
产生温室气体是发展核电的主要优势，但发展核能也存在严重的问
题。这些问题包括修建核电厂需要大量的资金投入，以及核电站运行
中所面临的风险和挑战。核废料的安全存储是一个潜在的问题，核废
料一旦暴露在地表将会对人的生命安全以及环境造成巨大的危害，同
时核废料也可能被恐怖分子用于制造脏弹（将放射性废料装到传统的
爆炸物当中），甚至用于制造核武器。全世界都看到过核电厂的灾
难，最近的一个核事故是由地震和海啸引发的日本福岛核事故，早期
的核事故还有1979年宾夕法尼亚州的三哩岛事件，以及1986年导致
了乌克兰和白俄罗斯大范围放射性污染的切尔诺贝利事件。当前，一
些欧洲国家，包括瑞典和德国，决定逐渐停止它们的核电厂，已经在
它们核电站的退役过程当中投入了大量的成本。值得注意的是，相关

研究预测铀储量即将在未来的几十年内达到哈伯特顶点，因此，铀资源也不再是相当丰富的了。

● 来自农产品的生物燃料，包括玉米乙醇。这种燃料在美国发展较为迅速，对玉米生产者来说是一个好消息，但是用粮食作物来生产能源会产生很多问题。另外，一个重要问题就是用粮食生产的乙醇其成本要高于所生产能源产品的成本，并且生产这种能源也会带来一定的环境问题。

● 发展生物质能，包括来自林业和农业的废弃物。当前该能源技术正处于发展阶段，很有用，但其规模相对较小。

● 新的石油资源，包括钻更深的油井，或者在更远的近海勘探，以及包括在北极地区这些更遥远的地方采油。一些人认为，这些新的石油资源也将很快被消耗殆尽。近年来又出现了一些开放阿拉斯加北极国家野生动物保护区（ANWR）开采石油的呼吁，拟将这些石油作为战略储备。当然，在那里钻井对环境产生的负面影响是毫无疑问的，但一些人表示，在出现更加环境友好的替代能源之前，将这些额外的油井作为缓解石油短缺的临时措施是可以接受的。当然，一旦大量的资金被投入在初始的钻井和场地开发上面的时候，期望开发者停止钻井似乎是不现实的。

6.5　限制排放、碳税和碳交易系统

经济学家提到一种"市场失灵"情况，在这种情况下，价格不能反映产品真正的稀缺性，要求引入税收或者使用一些管理方法。化石燃料就是这样的一个例子。经济学家运用两个市场机制的政策方法来减缓气候变化——碳税和碳交易系统。这两种方法都是通过增加所排放温室气体的成本来发挥作用，当然，经济学家们认为其他方法也能够直接有效地限制温室气体排放。

实际上，控制导致全球变暖的温室气体排放最直接的方法就是直接限制温室气体排放。欧盟已经广泛使用这些方法来限制小汽车和卡车的尾气排放，以及烟囱的排放。这种控制方法不涉及市场的交易成本，尽管它能够对超出管理限制的排放征收一定数额的罚金。进一步，这种直接控制方法可应用到国家的电力中去，要求国家电力结构中必须有一定比例（或许是25%）电力来自可再生能源，如风能或者太阳能。当然，经济学家们也提出了碳税和碳市场等间接方法(下面展开讨论)。

世界上一些传统的经济学家和政治领导者们不建议使用这种方法，取而代之的是，他们希望依赖自由市场而不受政府部门的干预。多年来我们的能源领域已经有相对自由的市场，可事实上，自由市场并没有能够解决温室气体导致的气候变化问题，相反使这种情况变得更加糟糕。因此，一些人倡导政府干预，需要在能源领域引入新的公共政策工具。这些工具势必将在很长的一段时期内影响个人和企业的能源使用，因此，任何政策的实施都应该具有合理性和必要性。

可再生能源以及清洁电力标准将增加对产生CO_2或者其他温室气体排放较少的能源资源的依赖——包括水电和风电。清洁电力标准将要求，电力生产的一定份额要么来自可再生能源，要么来自减少排放的非可再生能源技术，例如，核能、使用碳捕获和封存的煤电厂以及天然气电厂（该技术仍然处于发展当中）等。这些标准已经在美国大部分的州试行，也已经成为美国国会预算办公室（CBO）研究的重点——探索研究和建立一个适用于整个美国的统一标准。当前，美国只有10%的电力来自可再生能源。

根据CBO的报告，在可再生能源标准下，联邦政府将给使用可再生能源（水电、风电、生物质能）的发电厂商发放信用。这些可再生能源发电厂商可以将这些信用卖给那些出价更高的化石燃料发电厂商（买家），因为化石燃料发电厂商需要购买这些信用作为补偿。这些信用也意味着鼓励发电厂商们从化石能源发电向可再生能源发电转型。这些按照政策用来发电的信用，或者是发电厂商分配到的信用，或者是它们从其他有资格的发电厂商那里购买的经过认证的信用。发电厂商遵从发电标准，它们对这些信用的需求将鼓励它们更多地选择可再生能源。如果这些信用完全都能自由交易，市场将以最小成本实现可再生能源发电量的增加。在清洁电力标准下，电力部门都应该从政府机构那里获得信用，每一个信用都代表了通过清洁电力认证的1兆瓦时的电力生产能力。一些发电厂商由于通过了清洁电力认证可从政府获得相应的信用，而那些使用化石燃料的电厂将需要购买这些信用。对这些信用的需求将鼓励电力厂商生产更清洁的电力，那样它就能获得额外的信用。如果这些信用能够在市场上自由交易，市场将以最低成本来实现清洁电力和可再生能源电力产量的增加。

广泛讨论的碳税就是一种能够对生产者和消费者产生影响的温室气体价格。这种税一般叠加在能够产生温室气体排放的能源品种价格上，包括汽油以及家用的燃料油等。这种税以增加能源使用价格的方式，促使能源消费量减少，因而很多经济学家都支持征收碳税。碳税不仅能正向激励消费者减少化石能源的使用，而且也将鼓励更加高效的减排技术的发展。

也有一些经济学家、政治家和工业领袖们比较支持总量控制和交易系统——另外一种控制温室气体的方法。这种方法为每一种污染物设置一个排放总量的限制，让包括电力生产厂商、石油生产或进口商、天然气加工商等污染物排放单位，在专门设计的交易市场中，交易它们的排放配额来限制排放总量。这是一个以市场为驱动的系统，通过市场来设置导致全球变暖的污染排放总量，同时也具有灵活性，允许每个企业能够自由交易配额来实现总量目标。碳市场在减少排放方面将产生直接的激励作用，它也是美国以及其他国家在环境集团和工业领导者方面采用的政策选择。

2010年，美国国家研究委员会——美国国家科学院的一个分支——发布了一个报道，题为"限制气候变化的程度"。这个报告指出，"满足国际社会的目标，限制大气温室气体浓度增加和与之相关的全球平均气温升高，需要全世界改变当前这种生产和消费能源的方式"。在报告结论部分提到，在美国最有效的政策战略是经济范畴的碳价方法，或者是总量和贸易系统，或者是碳税，或者是二者的结合。作者也建议进一步完善政策组合，加快如下领域的发展进程：(a) 推广现有的能效技术和低碳能源技术（例如，可再生能源）；(b) 在全国范围内示范先进的碳捕获和封存技术、新一代的核电技术，并验证这些能源及技术作为国家未来能源系统主力的可行性；(c) 加速现有的温室气体锁定效应较高的设备和基础设施的退役及更迭。

最终，在一个真正的决策舞台上争论以及最终实施政策将会是哪一个市场机制？自由市场的确"自由"，也就是说，市场是自己工作的，它并不能更好地完成这份工作。相比总量控制和排放交易系统而言，碳税在设计、实施以及执行过程中比较容易且成本较低；但对于当前的美国而言，最优的碳税税价或许太高了，不能够成为可接受的一项政策。尽管这里出现了很多问题，但环境保护署在酸雨方面开展的总量控制和排放交易项目仍在美国取得了成功实践。

6.6　结　论

考虑到传统的经济因素之间是相互孤立的，当今世界正处于一个重要的转型开始阶段，正在从我们已经依赖几十年的"低成本"的碳基化石燃料向气候友好型的高成本的替代燃料转型。这种转型面临着诸多重要的挑战，有能源短缺、各类燃料成本的增加以及世界范围内新的能源资源的探寻。

从石油、煤炭和天然气向替代燃料的转型将对一个能源依赖型国家的经济、个人、企业、政府以及社会的方方面面产生深远的影响。如果我们能够识别出这些低成本是人为因素造成的，其实际的成本都很高（包括政治、军事、居民生活以及权利），那么这种转型就能够设置更加正确的价格，进而在气候变化以及政治和人权方面，显著地造福人类。以廉价化石燃料支撑的世界经济几十年快速增长的时代即将宣告结束，即将来临的高成本的新能源时代充满着挑战。经济因素将在未来解决能源和气候变化问题方面发挥重要作用，它能够提供一个更加广泛和适合的环境，使得燃料成本的增加被大幅下降的政治成本、军事成本和人权成本所抵消。因此，伴随着诸如碳税等经济政策的发展，全部的经济政策和因素都将包含在价格和市场的经济资源当中。

[第7章]

我们要走向何方

太阳系中地球以及其他星体，本应在太空中保持直线飞行的状态，但由于受到太阳引力，其平衡状态下直线轨道逐渐变成了椭圆轨道。星体围绕轨道运行一周的时间——就是星体生命中的"一年"——这完全取决于星体与太阳之间的距离。距离太阳越近，星体在轨道上移动的速度就越快，该星体绕太阳一圈的时间就越短；如果太阳和地球之间还存在个星体围绕太阳做椭圆轨道运行，而且周期也是地球上的一年，那么该星体将以较慢的轨道速度来平衡太阳的引力，轨道也将螺旋向外形成更大的一个椭圆。

当然，这个规律也存在一个例外。从地球中心到太阳中心的直线上存在这样一个位置，该位置上的星体绕太阳旋转的周期是 365.25 个地球日。空间中的那个位置，就是著名的拉格朗日点 L1（以法国数学家约瑟夫·路易斯·拉格朗日（Joseph-Louis Lagrange）命名），这一点大约是地球和太阳之间距离的百分之一。在这一位置上，如果星体能够保持着合适的速度，其受到地球的引力和太阳的引力将能够相平衡。

基于此，存在一个减少未来全球变暖的技术修复方法，那就是在L1的位置上放置一个横跨 2 000 公里的大伞，用来遮挡一部分的太阳辐射。从地球上来看，这把伞就好像是永久固定在太阳上面，一旦成功放置，我们就不用再担心大量消耗化石燃料对地球气候系统产生的影响了。

这个宏伟的计划是我们所熟知的"行星工程"的一个例子，充满智慧，很有趣，或许也可行。但这个解决方案太过于局限：第一，地球上的气候系统并不仅仅由地球轨道上的太阳辐射这一个物理量导致的必然结果。拥有相同的太阳辐射量，地球可以是个冰球，也可以成为金星炼狱；同样，改变一些辐射量也不能确保我们是足够安全的。当然，在L1点上放置巨大的太阳伞正是未来全球能源需求匮乏所能够做的最后一件事情了。

用巨大的太阳伞给地球遮阴或许并不是一个好主意，但是如果我们打算燃尽我们所能得到的全部化石燃料的话，巨大的太阳伞或许是减少二氧化碳所造成危害的一个好方法。这是如何做到的呢？

碳是生命中重要的化学元素。微小生命物质中的每一个分子都含有碳元素。生命通过光合作用获取营养，这一过程是由植物消耗太阳光、水和二氧化碳来实现的。因此，植物生命的生长吸收了大气中的二氧化碳。然而，植物并不能够一直吸收大气中的二氧化碳；当植物腐烂或者燃烧的时候，二氧化碳又重新返回到大气当中。一个雄心勃勃的想法是从化石燃料燃烧发电的尾气中将二氧化碳收集起来，并将其隔离。但是可以把二氧化碳隔离到什么地方呢？

一个方案是将收集到的二氧化碳用作石油和天然气的开采压力源。增加压力有助于提高石油和天然气的产量，同时也可将二氧化碳存储在开采井的底部。不必为此事担心，实际上石油公司目前已经开展了一些小范围的试点，但是目前已有的油井并不能提供足够的空间存储二氧化碳。我们已经将大气中的二氧化碳浓度增加了几百个ppm，如果我们找到一种方式能够将大气中的二氧化碳收集并储存，想要将大气变回到工业革命之前的样子，那么我们需要将整个大气的万分之一找个地方储存起来。即使我们尝试着稳定大气中二氧化碳的浓度，到21世纪末地球化石能源耗尽之前，我们要隔离的气体量还十分巨大。

有足够能力存储这些二氧化碳的唯一地点就是海底。二氧化碳在大气中是气体，在海底压力和温度的作用下将变成液体。液态的二氧化碳密度比水重，将沉在海底。与气态的二氧化碳相比，液态二氧化碳更加紧凑，仅为同等质量气态二氧化碳体积的几百分之一。海底覆盖了地球的大部分地表，提供了足够的空间来隔离二氧化碳。

当然，隔离二氧化碳并将其注入深海海底的方案或许也存在一些缺点。首先，海底生活着很多海洋物种，如果海底注入一层液态二氧化碳的话，那么这些物种将很可能会消亡。其次，一些二氧化碳将会溶解在海水中，逐步向上扩散。逐渐增加的二氧化碳浓度将改变海水的酸度，这对大量的海洋生物而言，不论其体积是大是小，都将是一个十分严峻的问题。再次，一些二氧化碳以它的方式存在于危险地区或者大洋中脊之中，一旦那里的火山岩浆喷发，液态的二氧化碳将被蒸发并被带出海平面而逃逸。最后，尽管液态二氧化碳在冷的海底具有稳定的物理特性，但气态二氧化碳在大气中的物理性质更加稳定。液态二氧化碳在海洋底部是一个亚稳态，任何海水搅动的事件——例如，小行星的撞击——都将会释放大量二氧化碳到大气当中，引发灾难性的后果。

2001年3月，布什政府宣布退出1997年由克林顿政府、欧盟和日本签字的京都议定书（Kyoto Protocol）。美国目前仍然是全世界没有批准京都议定书的最重要的国家之一。议定书要求完成工业化的国家要绝对减少二氧化碳的排放。美国认为，这对其经济福祉是一个不可接受的条款。这也就是说，对布什政府而言，京都议定书的要求过于强烈了；但对于大气环境改善而言，京都议定书的效力又过于微弱。

7.1　核　能

当到了化石能源消耗殆尽的时候，全世界将不得不考虑增加核能的使用。核能是唯一已被证实可大规模弥补能源短缺的一项可行技术。由地震和海啸引发的日本福岛核事故警示我们，核电相关的难度和危险目前仍是无法完全消除的。

原子核是一个微小的颗粒，位于每一个原子的中心位置，几乎占了整个原子的全部质量。原子核拥有带正电荷的质子，质子在近距离时彼此间互相排斥；原子核中也拥有电中性的中子，常常与不活跃的质子在一起。一个元素在元素周期表中的位置由其原子核中的全部质子数所决定，而原子核中的中子数常常是不固定的。具有不同中子数的同一类元素拥有不同的质量，它们被称为"同位素"。

例如，铀元素的原子核中有92个质子数，它最常见的同位素中有146个中子，总的原子量是238——意味着是单个质子质量的238倍（质子和中子具有非常相近的质量），我们用238U作为铀的这种同位素的科学标记。铀的另外一种同位素是235U（比238U少3个中子），其在大自然的铀元素中占有0.7%的份额。235U这种稀少的同位素具有十分重要的性能，当其捕获到慢速移动的自由中子后，235U将分裂，通常分裂成两个较大的原子核碎片和平均2.43个自由中子。

由于在该反应中损失了很小一部分的质量，因而反应中的各碎片都获得了很多的能量，其中大部分的能量为这些碎片的动能，并且产生中子的速度也非常快。如果中子能够在它们逃逸之前将速度慢下来，就有可能被其他的235U原子核所捕获，产生更多的自由中子。这就是我们所说的链式反应的整个过程。如果在这个过程中铀元素接近100%的235U，那么核反应将以爆发的方式进行。

使中子慢下来的最好方式就是在链式反应初期让中子与重量相对

较轻的原子核相碰撞。如果中子与大且重的原子核相碰撞，它们就会像一个橡皮球撞击水泥墙一样，几乎保持着全部的能量弹回来。如果中子撞到了质量相对较轻的原子核被弹回来时，较轻的原子核接收了部分的能量而移动，中子就会慢下来。在大部分核反应堆中，水就起到了慢化中子的这个作用。同时，高能量的原子核碎片使得核燃料的温度很高，水也被用作核燃料的冷却剂。核反应堆就是一个热源，和烧煤锅炉一样，产生的热量被用来驱动涡轮机。

在切尔诺贝利事件中，融化了的反应堆的冷却系统就是基于石墨的冷却系统。石墨通常在生产核武器中用到，在发电厂中并不常见。日本福岛核事故中的6个核反应堆使用水作为冷却剂。通常认为，基于水的冷却系统比使用石墨更加安全，尽管福岛核事故也产生了大范围的破坏，但并没有达到切尔诺贝利那样令人害怕的程度。对福岛核事故的调查仍在继续——9级地震、随之而来的海啸、工厂监督的不足、基础设施的老化等都是事故发生的诱因。这些核事故调查结果无疑将继续增加人们对未来核能发展的争论。当前在美国，大约一半的电力来自燃煤，核电只占到大约20%的份额；在其他国家中，核电站发展很不平衡，例如，法国近78%的电力来自核能，而意大利却宣布放弃发展核能，但从法国购买核电。假使全世界准备好（被迫）攻克核能发展的障碍，继续使用核电来取代化石燃料发电，这将有利于进一步减少大气中的二氧化碳浓度。尽管核能并不能够替代交通中所使用的汽油，但我们认为，可以使用核能产生的电来为电动汽车或混合动力汽车充电。可是，地球上的铀元素足够满足我们长期的需要吗？

铀资源储量预测并不像石油储量预测发展得那样成熟。同早期石油储备技术发展情况一样，铀资源储量将随着勘探技术的进步而增长。目前，已探明的铀资源储量按当前能源消费速度测算，足够满足地球10~25年的能源需求。这个测算没有考虑世界电力需求的增长以及哈伯特顶点效应。同样，哈伯特顶点效应一样适用于铀资源。

但是，这个预测结果基于只有235U才能用于生产核电。地球上大量存在的是238U，这种元素并不能够在传统的核电站中使用。有一种可能就是设计一个这样的反应堆，在它产生热量的同时能够将238U转化成为239Pu。和235U一样，239Pu在捕获了慢中子之后分裂并释放中子和能量，我们称这种反应堆为"增殖堆"。增殖堆可将铀的可用量提升上百倍，但Pu元素是一个令人非常讨厌的同位素，尤其是它比铀更容易用于核武器。因为这个原因，美国没有商业增殖反应堆，但俄罗斯、日本和印度开展了增殖反应堆的实验项目。在受日本福岛核事故影响的今天，不论这些国家是否将继续攻克增殖堆的技术障碍，中国的增殖堆项目研究已经走在了世界的前列。全世界安全使用增殖堆技术将是未来的头等大事。

还有另外的一个可能方案，那就是用同位素232Th（钍）生成可裂变的同位素233U。核反应堆中使用钍作为燃料还很少见，但是钍元素被认为是未来重要的核燃料资源，它的储量大约是铀资源储量的3倍。钍元素和铀元素天然放射性的衰变是保持地球内部热量的主要原因。

尽管地球上有足够的核裂变燃料可为未来提供持续的能源供应，但对核燃料的需求规模仍然是十分巨大的。最大的实用核电站将能够产生大约1Gw（10亿瓦特）的发电量。如果要满足当今世界10太瓦（兆兆瓦）的电能消耗，需要有10 000个Gw规模的核电站；要是每天建设一个这样的核电站，那么大约需要30年时间。当然，到那时我们需要替代的电能也将超过10太瓦。

7.2　核聚变

化解我们能源危机最难且最有前途的方案就是可控核聚变。可控核聚变不向大气中排放二氧化碳，其所使用的燃料又能够持续到永远。最简单的核聚变反应是由氢元素的两个同位素——氘和氚融合而得到的（只有氢的同位素拥有自己的名字，其他元素的同位素都由字母和数字来表示）。普通的氢原子核只有一个质子，氘原子核有一个质子和一个中子，氚的原子核有一个质子和两个中子。氚在自然界中并不存在，但可被制造出来；氚具有放射性，其自发衰变仅能持续几年的时间。

氘原子核与一个氚原子核相结合，会得到一个氦原子核（两个质子和两个中子）和额外一个中子。额外的中子湮灭，释放大量的能量。关键的问题是如何让两个原子核结合到一起。两个带正电的原子核彼此相互排斥，它们距离越近，排斥力越大。但是如果它们能够以一定的气体浓度存在于高温的密闭容器中，它们的随机热运动足以克服它们之间的斥力；它们之间的距离足够近时，原子核发生融合的机会就越大，核聚变将随之发生，就像太阳中所发生的核聚变那样。

太阳中核反应产生的过热气体被太阳的引力所吸引。如果在地球上实现融合并且创造能量，必须找到另外一种方式来约束这些过热的气体，目前我们所知的材料都不能够承受聚变产生的超级高温。一个解决的方案是利用磁场，磁场扮演了一个防泄露的虚拟瓶的角色，在一定时间内防止过热的带电粒子逃逸。磁约束下的核聚变发生在一个真空的箱体中，保证了过热物质远离箱体材料的表面。因此，让氘和氚的气体在磁场里面产生能量的关键就是——气体的温度足够高、密度足够大、约束时间足够长。但是，这一过程也需要消耗大量能源，不仅要将气体加热到足以发生反应的较高的温度，并且需要产生一个足够强的磁场实现对气体的长时间约束。核聚变反应以这种方式在地球被创造出来，但是这些核反应产生的能量不足以维持核聚变发生所需要的能量。这个被称为"平衡点"的问题在核聚变领域中已经研究了几十年，是该领域的核心问题。尽管已经取得了显著的成绩，但目前为止我们所能够得到的更好结果就是，在核聚变反应中产出的能源仅是投入能源的一半。

建设可用的核聚变发电厂需要一个巨大的设备。美国、加拿大、欧洲、日本和俄罗斯联合开发能够生产这种设备的工程原型机，这种原型机被称为国际热核试验堆（ITER）。1998年由于美国100亿美元的撤资，原型机经历了困难时期；2003年美国重新加入，ITER项目开始在法国卡达拉什（Cadarache）修建，计划在2018年开始运行。

如果磁约束核聚变能够成功实践，其主要的能源资源（至少是最开始）将会是氘和氚。氚能够在反应堆中得到，即由聚变反应释放的中子和反应堆中覆盖的一层锂膜反应得到。海水中存在着大量的氘，氘的储量看起来我们永远都用不完。我们很多常规的矿物中也都发现了锂元素，但关于锂元素的储量我们知道得还很少。

位于加州利弗莫尔的劳伦斯利弗莫尔国家实验室（LLNL）利用美国国家点火装置实现了核聚变的约束，位于新墨西哥州阿尔伯克基的桑地亚国家实验室（SNL）利用"Z"形装置也实现了核聚变的约束。这些由美国政府资助的项目，尝试着利用强激光脉冲（LLNL实验室）或者放电（SNL）来加热氘和氚燃料球以获得短暂的聚变能。和磁约束方法一样，这些所谓的惯性约束计划都很庞大，而且很昂贵。尽管这些计划有很多乐观的支持者，而且他们也都希望在下一个10年能够实现"平衡点"的突破；然而，即使我们突破了"平衡点"，我们距离可商用的核聚变电站还有很长的路要走。

7.3　太阳能

除了化石燃料和核能之外，剩下的就只有太阳光了。我们从未停止使用太阳光——树木要依靠太阳光来生长，并为我们取暖提供木材。水电是太阳能产生的一种间接能源，是一种非常好的可再生能源。水库中的水蕴含了大量的水压，可驱动水轮机并生产电力。太阳的能量将水蒸发到了云层，水蒸气以雨水的方式降落到地表，然后重新汇集到水库当中为发电做储备。水电是 20 世纪早期非常重要的一个发展方向，人们在适合修建水电站的地方修建了许多大坝，其中包括科罗拉多河上的胡佛水坝，以及哥伦比亚河上的大古力水坝等。当今，美国电力构成中约有 10% 来自水电，世界电力构成中约有 1/4 来自水电。事实上，我们当前已经不再具有增加水电规模的能力了，我们几乎在地球上所有适合修建水电站的地方都建设了水坝，我们也不能够再依靠增加水电来减少对化石燃料的需求。近些年来，建在河流上游的一些大坝已经对我们产生了不利影响，全球当前拆除大坝的速度要快于新建大坝的速度。从可再生资源能够永续使用的内涵而言，照此下去水电最终或许不再是真正的可再生能源了。最终，所有的水库都将被淤泥所填满，科罗拉多河上的胡佛水库几百年后也只剩下一堆水泥混凝土了。

　　风能是太阳能的另外一种间接能源。2010 年，美国电力构成中约有 2.5% 的电力来自于风电。美国风电的比例未来将会进一步增加，主要原因在于，在技术革新和可再生能源发电税费减免政策双重影响下，风电在美国将比煤电更具有经济竞争力。欧洲北部地区拥有丰富的风力资源并且化石能源价格昂贵，或许有一天风电会取代水电成为电力的主力。当然，也有一些人认为，风电场既丑陋又不受欢迎，世界上风资源既丰富又稳定的地方很少，只有几个地方比较适合发展风电。我们能够继续使用风能，但我们不能够指望着依赖风能而生存。

　　太阳能电池板能够直接将太阳光转化为电能。地球表面可收集的太阳能很少，举个不恰当的例子，这就好比在已经收获过的农场上捡拾麦穗一样。到达地球表面的光通量在最好的情况下也是相对较弱且断断续续，平均来讲，大约是大气层之上光通量的 1/8。损失的光强度中，一部分是因为大气层和云层的反射和吸收，但更主要的原因是光线分散到了地球弯曲的表面上。基于这个原理，形成了一些研究方案，拟拦截并收集太空中的太阳光，并将其能量传输到地球上。

　　NASA 和美国能源部曾在 1970 年资助过一项研究计划，将一个体积如曼哈顿工程大小的太阳能电池板阵列放置在地球同步轨道上——这样太阳能电池板阵列就可以一直在地表某一固定位置的正上方保持不动。当然，该太阳能电池板阵列总是对着太阳，它的位置不会被地球的阴影所遮挡。太阳能电池板阵列产生的电能将以微波的形式传输到地球上，这种微波是具有很强云层穿透能力的电磁光谱。该项计划的支持者们估算，在地球上建设一个 8 英里×6 英里大小的接收站，就能够转化太阳能电池板阵列所产生电能的一半以上。如果在地球同步轨道上装有 800 个这样的太阳能电池板阵列，并且建设好相配套的接收站的话，那么所得到的全部电能足可支撑地球每天的能源消耗。最近一些类似的采用更加先进技术的研究计划也已经启动，或许有一天，基于太空的太阳能发电将会为我们提供能源。

7.4　改善我们已经拥有的

　　应对即将到来的能源危机最好且最保守的办法就是逐步改善我们现有的技术。举一个现代白炽灯的例子：19 世纪末期托马斯·爱迪生（Thomas Edison）发明了白炽电灯泡，标志着电气时代的到来。白炽电灯泡的工作原理是电流流经一个很细的电阻灯丝，当电阻灯丝被加热到一定温度的时候就开始像太阳一样向外界辐射白光。这也就是说，电灯泡的主要产物并不是光，而实际上是热。发热是电能使用过程中最浪费的一种方式，白炽电灯泡在工作时只有 1% 或 2% 的电能转化为可见光。

爱迪生时代以来，白炽电灯泡在夜晚仍然发挥主要作用，同时其他种类的高效灯源也被发明出来。发光二极管（LED）就是一种新的类型——值得仔细说明一下。电流在一类半导体材料中（晶体管材料）不再产生热了；取而代之的是，半导体中的单个电子从电流中吸收特定数值的能量后，发生了量子力学事件。当电子回落到它的基态的时候，以光子的形式将所吸收的能量释放出来。光子其实就是光，依赖不同半导体材料的这种特性，光子能够形成不同颜色的可见光。

几年前，LED的效率还很低，仅适用于字母-数字这种显示方式。我们曾在VCR的面板上看到这种闪烁着"12∶00"字样的LED灯，我们从来不会被这种显示形式所困扰。问题不存在于初始的"电流-受激电子-可见光"的反应过程中，这个反应过程进行得很顺利；问题在于如何让这些光子在经历若干次碰撞后，能够在最终转化成为热之前从材料中释放出来。聪明的工程师最终解决了这个好比如何在城市街道和郊区周边建设快速路的问题。最近10年，很多大城市中的公交信号灯不再使用老式的白炽灯了，取而代之的是更加明亮且带有斑点样式的信号灯。这些交通信号灯是LED阵列，它们的效率很高，节省下来的电能很容易就能够弥补购买设备所支付的昂贵费用。

太阳能电池——也称太阳能光伏装置，或者简称为PV——其工作原理就是LED工作原理的逆过程。在LED中，是电流通过半导体装置而发光；而在PV中，是光照射在相同种类的半导体上而产生电流。由此容易联想到，PV可以制作得很有效率，将所有照射到它上面的光全部转化成为电流。但实际并不如此，原因是LED只有在单色光（红色、绿色或者黄色的交通灯）的情况下很有效率，当然这也取决于制造LED的半导体材料的特性。PV如果效率高，就必须能够将照在它表面上的所有可能颜色的光都转化成为电。技术上，PV完全能够实现这种高效率，只不过这种PV造价非常昂贵，目前仅在航天中得到应用。

从这个例子中我们得知，大部分奇特的东西（LEDs）都能够成为我们生活离不开的普通物品（交通灯），并且它们能够引领未来的发展方向（便宜、有效的PVs）。如果按这个发展规律，那么未来沙特阿拉伯大沙漠在吸收太阳光方面将更有价值，其价值堪比埋藏在这片沙漠下的石油。当然，其所需的PV数量规模也将是相当惊人的。如果以当前的PV技术测算，要想替代所有的化石能源发电，PV阵列的面积要至少达到20万平方公里，而目前为止所有生产的PV加在一起也不到10平方公里。

1986年，科学界惊奇地发现了高温超导现象。早在1911年左右，科学界也曾惊奇地发现低温超导现象。结果显示，温度在绝对零度以上几度范围内时，很多金属突然拥有了超导能力。1986年的发现显示，一些复合材料在更高温度时也拥有超导能力（尽管这一温度远低于地球上任意地点的温度）。

高温超导的发现立即唤起了人们改造世界电网的蓝图——建设具有高温超导特性的世界电网，并用其平衡地球白天和夜晚的电力需求。我们在第3章中曾提到电能难以大量储存，必须按电力需求来发电，通常白天电力需求大于夜晚。由于地球上总是有一部分地区处于白天而另外一些地区处于夜晚，世界电网就能够解决全球的电力需求平衡问题。当然，使用高温超导材料制作电力线还没有被证实可行。之前我们计划在电力输送方面使用低温超导材料存在许多缺点（需要精心设计的制冷和绝缘，预防失效的备份系统等），使用高温超导材料时我们也将面临同样的问题。与低温超导体相比，高温超导体需要由更加奇特、昂贵的材料制造，这使得事情变得更加糟糕。尽管如此，高温超导现象的惊喜发现提示我们，大自然可能还有更多的惊喜等待着我们。

　　正如上文所揭示的那样，并不存在完全能够解决我们所有能源问题的灵丹妙药。没有现成的技术（除了核聚变）能够替代我们即将枯竭的石油，也没有什么替代燃料能够在化石燃料消耗殆尽之前出现。如果我们允许化石燃料在被替代之前消耗殆尽的话，我们的地球气候将被置于极度危险之中。我们文明的最大希望寄托在那些还没有出现的技术上面——或许是那些还没有被证实了的科学发现。更像是，基于我们已知的原理，促进现有各类技术的共同进步，包括可控核聚变、安全增殖反应堆、操控电力的绝佳材料、高效的燃料电池、更好的制氢方法等。要发展这些技术，需要我们在科学和技术研究方面进行大量的专门投入。实现它已经相当紧迫，但我们还没有做出承诺。

7.5　未来的想法

　　45 亿年前，原始大气层外部的大块岩石与围绕太阳的尘埃合并到一起形成了地球，在距离太阳 9 300 万英里的一个近似圆形的轨道上旋转。这些事实本身并没有注定我们地球的命运。地球可能会成为一个冰冷的荒芜之地，将照射在地表上的大部分太阳光反射回空旷的宇宙空间中去——地球在过去的一些时期当中或许真的就是这个样子。或者，地球也可能变成像金星一样是一个有毒的、无人生存的地狱。然而，最终地球却成为一个芬芳的花园星球，大气中富含氧气，大部分的碳以煤和其他化石燃料的形式储存到了大地之中。在生命本身的帮助下，地球才变成了伊甸园。

　　地球上的生命依赖大量来自太阳的辐射能——这些辐射能形成了大气和海洋环流，使土壤变得温暖，并以上千种不同的方式将熵转化成外界温度的升高，又最终以不可见的红外线的方式辐射回外部空间。这种辐射能量变化发生在金星、火星以及我们太阳系中每一个没有生命存在的星体上。在地球45亿年后的短短一瞬，生命进化得如此智慧，懂得了挖掘并燃烧化石燃料。人类虽没有从伊甸园中被驱除，但最终或许是伊甸园的毁灭者。

在此期间，我们面临更多的压力和亟待解决的紧迫问题。我们的生活方式深深地根植于廉价石油的无限供给，这个时代真的即将要终结吗？这个观点是否有可能是错误的呢？不是有专家从另外角度深信，石油时代还会再延续几十年吗？

当然是这样的。我们前文提到过1995—2000年美国地质勘探局的研究报告，许多石油公司也开展过这方面的研究。BP是世界上具有前瞻性的能源公司之一，它认为BP的含义不应该是"英国石油公司（British Petroleum）"首字母的缩写，而更应该是"超越石油（Beyond Petroleum）"首字母的缩写。BP公司在它的网站上发布了大量的有用信息，既包括石油信息，也包括其他化石能源、核能和可再生能源信息。该网站公布的信息显示，已知石油储量和使用量的比值（石油的R/P比）是40年（R/P比的详细描述见第1章），天然气的R/P比是60年。美国能源部引用了美国地质勘探局的研究，给出石油的R/P比为96年。

BP公司公布的R/P比数据可以很容易地在它的网站上找到。自2010年起，地下已探明储量的2万亿桶石油中，有一半以上的石油正在等待开采。我们这里假设每年开采这些石油的1/40，这样我们还能够有40年的石油供给。哈伯特顶点理论的研究者如何得到了如此迥异的结果呢？是他们使用了不同的数据，还是使用数据的可信度太低？

实际上，他们使用的是相同的数据。已知的石油储量从1981年的0.7万亿桶规模增长到1991年的1万亿桶规模，到2001年石油储量的规模达到了1.03万亿桶，石油储量增长率的下降直接导致哈伯特顶点预测结果的不同。实际上，1981年之后新增的石油储量在很大程度上并不是真正的新发现的石油储备，而是 OPEC 成员国基于它们 1980 年的储量报告进行修改的。

人们总结了易获得石油的开采率符合"钟形"曲线规律，该开采率也早已在几十年前就到了峰值；石油能够被开采出地面的比率也呈"钟形"曲线分布，哈伯特的追随者们正在尝试着预测这个曲线的顶点何时到来。BP 谈到的石油量是已探明的仍然存在于地下的石油量，它的概念不同于已发现的石油量，也不同于已开采的石油量。当易获得石油储备的增长率为 0 时（这或许已经发生），历史上将会第一次出现石油消费的速度快于石油被发现的速度。

哈伯特顶点预测和 BP 预测的不同，关键并不在于有多少石油储量，也不在于我们消费石油的速度有多快——两种预测对这两个问题的看法几乎一致。二者的不同关键在于危机将何时发生。在 BP 预测中存在一个未声明的假设，那就是：在最后一滴石油被开采出来之前我们不会出现危机；而哈伯特顶点预测则认为，一旦易获得石油的消费量过了中点，也就是说，已有油田的枯竭速度开始快于新油田的发现速度，此时石油被开采出来的速度将下降——这就是"钟形"曲线假设的实质。哈伯特顶点的假设是，危机将要发生的时刻并不是最后一滴石油被开采出来的时刻，而是石油被开采出一半的时刻——下降的石油供给无法满足上涨的石油需求。如果我们已经消耗了接近一半的石油量，那么危机出现的时刻将不会太远。

石油公司对此完全知晓，并也已经开始开采难获得的石油资源。尽管这一做法将增加一些石油的供给，但这类资源的数量相当有限，并且潜在的危险不亚于 BP 石油在美国墨西哥湾曾发生的漏油事件。这种做法不可持续。

毫无疑问，哈伯特顶点预测的本质是正确的。结果数据显示，危机可能出现在下一个 10 年或者下下个 10 年当中。这个预测结果看起来不确定性有些大，但从历史长河来看，10 年和 20 年几乎没有本质的差别。我们这一代，我们的下一代以及下下一代，都将面临更加困难的时期。

如果我们能够对所面临的问题有更广泛的理解和认知，我们就可以更大程度地减轻危机对我们造成的创伤。美国人当前使用能源毫无顾忌，而实际上却存在很多种方式在不影响他们舒适生活的前提下减少能源的消费量。如果真的能够这样做的话，就会为我们争取更多的时间去突破甲烷技术的研究，来建立获取其他替代燃料供给的能力。

最终，这些措施仍然不能避免危机的到来。我们面临的真正挑战——如果我们将一直如此勇敢且富有远见，我们会为自己设置这样的目标——尽快放弃使用化石燃料。1960 年约翰·F. 肯尼迪（John F. Kennedy）曾提出人类登月的挑战，我们做到了！其成功所在或许是因为我们已经掌握了实现它的基本原理。同样，能源问题方面仍有很多基本的技术障碍需要突破，而我们恰恰非常善于攻克这类障碍。第四章提到的那些能源技术，正是我们现在需要努力去攻克的。

我们能够设想这样一个未来。在那里我们消费的能源全部来自核能和太阳能，这样既不需要将我们的生活方式退回到18世纪，也不需要大量地减少地球上的人口数量。在这样的一个未来当中，我们采用更加复杂高效的太阳能发电和核能发电技术为固定设施供电，利用氢燃料和先进的可充电电池技术为移动装备提供能量。这样我们就可以将碳保存下来，作为我们不可或缺的石化原材料，而不是用作燃料。这比起送人上月球而言，或许不会更难。

很遗憾，我们的国家领袖和国际领袖都不愿承认当前面临的问题——危机将要发生，苦难将要来临。我们寄希望于，所发生的危机仅仅是给我们一个警示，不要对我们的能力造成严重的破坏，否则我们就无法采取所需的必要措施。

著名的地质学家肯尼斯·戴妃叶丝（Kenneth Deffeyes）在石油和天然气方面有深入的研究，意识到地质学家哈伯特理论的正确性——美国本土48个州的石油产量的峰值已经到来——他用简单的语句在1971年春季出版的《旧金山编年史》中说到"得克萨斯州铁路委员会（Texas Railroad Commission）宣布下个月起100%补贴"，如此明确的公告被大部分读者所忽视，而对戴妃叶丝这样的内部人士来说，这些信息是极其重要的。得克萨斯州铁路委员会其实就是一个垄断联盟，通过操控得克萨斯石油额外的开采能力来控制着全美石油工业生产。宣布"100%补贴"之后，意味着委员会向外宣布得克萨斯不再拥有石油额外开采的能力。得克萨斯油田开采达到极限，因为其进入了收益递减的阶段——其结果就是得克萨斯州铁路委员会失去了控制石油市场的能力。

之后，世界石油市场被12个石油输出国组织联盟这个垄断集团所统治，完全效仿得克萨斯州铁路委员会，只不过由沙特阿拉伯来领导。从那时起，沙特阿拉伯利用它们过剩的石油开采能力操控着国际石油价格。因此，全世界新闻媒体都在关注，当沙特阿拉伯不再拥有过剩的石油开采能力的时候，世界石油哈伯特顶点就将到来。

2004年2月24日《纽约时报》的头版恰好就出现了一篇这样的报道，文章题目是"石油需求增长的预测对疲惫不堪的沙特油田的挑战"，作者为杰夫·格斯（Jeff Gerth）。文章讲述"国家（沙特）油田现在正在减产，工业和政府已经出现了一系列问题，这些问题关乎沙特能否确保未来世界对石油的饥渴需求"。和《纽约时报》的其他一些文章一样，这篇文章篇幅很长，有些地方自相矛盾，明显地为了达到所谓的"平衡报道"。于是，格斯进一步写道："一些经济学家很乐观，当石油价格上涨得足够高时，先进的技术将会被应用，能源供给的问题将得以解决"。下一个段落中，格斯又写道："但是私下里，一些沙特石油官员并不那样乐观。"诸如此类。如果说2004年2月24日就是石油时代结束开端的话，这已经过了很长一段时间；但是对于那些熟悉哈伯特顶点预测的人来说（格斯显然不是），这只不过是吓人的故事而已。

OPEC最近几十年的石油政策是控制石油的供给，使得石油价格在略高于最低油价的范围内波动——既不太低也不太高。之所以要保持这个价格，是因为价格过高，会减少石油需求，进而会促进人们对替代燃料的投资。背后暗藏的威胁就是，一旦有人在替代燃料方面进行了投资，它们将在市场上投放大量的廉价石油，彻底将这些投资摧毁。当然，如果沙特地区的石油也达到了峰值的话，这种威胁将不复存在，石油垄断联盟也将失去对市场控制的能力。

美国不是OPEC的成员国，尽管1960年它在巴格达建立公司中扮演过重要角色，但是美国政府共享了保持油价上限这一OPEC的目标；当汽油的价格出现上涨时，选举人似乎非常不高兴。如果沙特阿拉伯不再向市场大量投放石油的话，那么在哪里可以找到额外的石油供给呢？加拿大（也不是OPEC的成员国）最近宣称，加拿大是继沙特阿拉伯之后世界上第二大石油储备国，但是这些资源主要以固态沉积物的形式存在于油砂之中，需要开矿开采而非钻井，因此加拿大不具有随时随地向市场大量投放石油的能力。伊拉克宣称是世界上第三大石油储备国，有上千亿桶石油等待开采。在萨达姆·侯赛因（Saddam Hussein）统治时期，油栓（spigot）被迫关闭。一些人声称，这是美国2003年入侵伊拉克的一个重要原因：在伊拉克人民真正赚到钱之前，允许他们从原材料中得到很小一部分利润——这个主意相当简单，让伊拉克的石油重新回到石油市场上来。

一些专家对将要出现的石油危机表示怀疑。他们被称为"反耗尽主义者"（antidepletionists）。以我们的经验，他们不仅都是非常聪明，而且也都是消息灵通人士——他们中大部分人都受雇于石油公司或者与石油公司有着紧密的联系。为石油公司工作的人自然会对石油信息更感兴趣，了解得也会更多，他们出错的可能性自然也越小；但是我们要记住，石油公司在否认石油短缺方面有很强的动机，因为适当的低油价会让它们获利更多。

正如我们看到的那样，当前世界范围内的石油"探明储量"超过了 1 万亿桶，储采比（R/P）大约为 40 年。反耗尽主义者们声称，这不存在任何危机——储采比在 20 世纪很长时间内一直徘徊在 40 年这样的范围。这是真的，但是在明白这个数字真正意味着什么之前，我们不得不重新定义"探明储量"这个术语。我们大部分的人认为，"探明储量"应该是所有被发现的石油减去所有我们已经开采的石油。但是，这并不是石油公司使用的术语概念。石油公司和石油生产国在报告中所用的"探明储量"，只是它们确信所拥有储备的一部分。当一个新的油田被发现时，地质学家使用不同的技术获得油田的长度、宽度、深度以及岩石的多孔性等参数，最终给出该油田石油储量的一个预测数值。国家官员或者公司领导得到这个预测数值之后，将数值的一部分更新到报告中的"探明储量"中去，将多余的储量存起来以备不时之需。这种留有余地的方式，确保不管油田真正发生了什么，石油"探明储量"都能够保持增长，储采比可维持不变。

油田真正发生的事情已经清晰了。世界范围内石油发现的速度在 1960 年左右达到峰值，之后逐年下降。与此同时，世界范围内石油消费的速度持续增长，在 1980 年左右首次达到与石油发现的速度相同。在最近的 30 年里，石油发现和石油消费之间的缺口进一步增大，这些年石油探明储量减少了 1 500 亿桶，但实际公布的探明储量在稳步增长，这是为什么？因为石油公司和石油出口国持续发布的那些新的储量早就藏在它们的口袋当中。实际上，在20世纪80年代后期，OPEC成员国的探明储量激增了近4 000亿桶，这些储量没有算作当时的石油新发现。为达到这个数量，OPEC只是改变了其报告规则，每个国家被允许开采的石油量要基于其报告的探明储量，于是新探明储量奇迹般地出现了。

从石油发现速度和石油消费速度之间不断增加的缺口以及OPEC石油储量的巨量增加中，我们看到有5 000亿桶石油从影子中跳了出来，填补了过去30年世界范围内的石油探明储量——数量上等于所有现有储量的一半。明显，这个手段不能够再继续用下去了。产业方面已经用光了所有"隐藏起来的储备"并开始说谎——报告那些根本不存在的储量——这个似乎已经发生。曾经自负的荷兰皇家壳牌集团几年前上过头条新闻，当时集团被迫接受外部审计，被要求向下修改它的探明储量——相应的，还要减少它的股票价值。公司需要进行外部审计，但是国家不需要。

反耗尽主义者喜欢说，尽管从1960年以来新的石油发现一直在下降，但大量石油已经被找到，就不再需要更多的石油了；于是，石油探测将逐渐减少，直到停止。事实肯定不会是这样的。例如，1999年和2000年是石油发现的重要年份，在伊拉克的Azedegan和里海北部Kashagan东部牧场地区都发现了巨大的石油储量。但是即使在那些年，新的石油发现仍然落后于石油消费。事实上，世界的石油消费正在以相当惊人的速度增长——每年的石油消费量超过了250亿桶并仍然快速增长——新的石油发现无法弥补石油需求的增长。正如我们在前面章节中所提到的那样，中国和印度等新兴国家也正在开启私家车的时代。

经济学家们相信，任何物品的需求都不能够超出它的供给。价格机制指出，供给将随需求的增加而增加。但这并不适用于石油工业，因为石油工业从来都是被垄断集团所控制——曾经是得克萨斯州铁路委员会，现在是 OPEC。当世界石油生产达到峰值时，OPEC 将失去垄断控制，价格机制将发挥效力，使得其他替代燃料比石油更具经济性。当然，这需要一个前提假设，那就是其他替代燃料是存在的。

从某种意义上说这已经发生了，加拿大的油砂就是一个例子，加拿大的油砂当前正在开矿获利。但是从这些矿砂中开采出来的燃料并不够富集，必须经过加氢处理才能生产汽油。结果是，一些世界上最大的天然气制氢工厂都修建在亚伯达市。也就是说，从油砂中生产石油不仅比传统石油更加昂贵，也消耗了更多的能源。这也将进一步刺激其他碳氢资源的勘探。

因此，如果我们按以往的增速继续消耗化石燃料，让地球气候任由发展，而且我们也愿意支付更高的金钱成本和能源成本，我们或许能够将21世纪应付过去——在面对巨大的燃料成本和将要发生的经济混乱时，已有的全球政治和社会稳定性能够在一定程度上维持下去。

同时，当前（可能）到了"峰值来临前"的阶段，传统石油的巨大消费量使得我们要全部依赖中东地区。或许真正的问题并不是"耗尽主义者"和"非耗尽主义者"之间的争论，而是另外一个不同的问题：是哈伯特顶点先到来还是沙特地区统治先倒台？二者将有相似的效果，二者看起来又都是不可避免的。

综上所述，有三个很好的理由让我们尽快地放弃使用化石燃料：第一，我们当前所依赖的廉价石油，使我们受制于世界上一些不稳定的国家和地区；第二，燃尽我们能够获得的所有化石燃料，将导致我们唯一的地球气候系统发生不可逆转的危机；第三，燃料无论如何都将会消耗殆尽，我们应该力争给自己创造一个更好的开始，为我们的文明保留一些最值得保存的东西。放弃使用化石燃料将要求我们的科学家、工程师、社会学家——甚至是我们每一个人——团结起来，充分发挥智慧和创造力。

　　这不是一个简单的小任务。我们明白，要解决这个问题必须依靠科学原理，但是我们不知道哪种解决方案能够更好地将科学可能性和社会可行性结合起来。我们不能够让一些集权操控解决方案的选择，也不能将解决方案完全交付市场来处理。为了我们下一代能够茁壮成长，我们要在地球石油遗产被消耗殆尽之前，创造一个不需要石油的世界。

第 8 章

基于技术革新的能源未来

8.1 我们为什么需要一个新的曼哈顿计划来
应对能源和气候变化

艾伯特·爱因斯坦曾经观察到,"自从原子能被释放的那一天起,所有的事情都在发生着改变,只有一件事情是例外的,那就是我们思考问题的方式"。我们相信,这个观察也同样适用于能源/气候变化问题。我们曾在东京都、哥本哈根、坎昆等气候大会中形成了国际气候治理的议定书、声明和协议,似乎想完全通过国际协议的方式直接减少 CO_2 和其他温室气体的排放,而并没有去寻找其他可能的方式。2009 年年底形成的哥本哈根协定,实质上是由美国牵头为控制全球气温上升而形成的一份不具有约束力的协议,以我们的观点来看,就是京都议定书的简单重复而已。哥本哈根气候大会因很多鼓舞人心的发言和誓言而备受关注,但其形成的协议在如何采取行动改变我们日益恶化的环境问题上并没有能够最终达成共识。

当前 CO_2 排放的主要国家包括:一些人口较多但人均 CO_2 排放相对较低的国家,如中国和印度;一些其他的发展中国家,如印度尼西亚、巴基斯坦、巴西、南非、尼日利亚和孟加拉国，这些国家正在被要求减少它们的CO_2排放；一些发达国家和地区，如美国和欧盟等，仍在持续地排放着温室气体，并没有采取任何行动。

我们完全需要一个新的方法来解决这一问题——我们所面临的挑战仅仅依靠政治或者经济的方法是不行的。这个新的方案着重对大气中CO_2和其他温室气体（甲烷、水蒸气、氮氧化物、臭氧等）开展科学研究，需要长期的战略投资、全面的技术布局、完善的政策制度来确保项目成功研发以解决这一问题。这种规模的项目已有很多成功的先例，例如，美国制造原子弹的曼哈顿计划、载人登月的阿波罗计划，以及英国的雷达计划和苏联的导弹计划等。

我们将组建一个优秀的团队——包括物理学家、社会学家和工程师们——专注于设置政策议程和优先研究项目来解决这一问题，这就好比美国在第二次世界大战当中启动的曼哈顿计划一样，成立一个由科学家、工程师、数学家组成的国际的、多学科的团队。这个发展的动力可以部分地来自政治领袖或者科学领袖，他们目前为解决这些新的和气候变化相关的问题提出的一个个小的方案不能够发挥作用。这些团队可能的一些研究领域包括：

• 建立能源金融制度，在某种意义上让政府承担风险，为替代能源项目提供低成本的资金。而那些替代能源项目都是资本密集型项目，需要相当大的资金成本投入。

• 发展替代能源资源的一个重大障碍就是国家层面的产业管理制度。尽管这些管理制度被设计用来减少投资的不确定性，被用来缩短取代燃煤电站的时间（燃煤电站产生的CO_2排放占美国CO_2排放的30%以上），但当前这些管理制度对传统能源和替代能源的许可程序，使得采用替代能源资源相当昂贵。这个重要的障碍必须被识别和克服。

• 太阳能板的成本近年来下降了近4倍，未来仍有进一步下降的空间。太阳能发电成本中的一个主要部分是与不同的能源系统维持平衡，特别是要将太阳能发电集成到当前的能源传输基础设施中去。以美国为例，如果太阳能阵列和电站被建设在美国的西南部，那么更多的土地就可以用于生产玉米乙醇，而不是用来满足整个国家的电力需求。如果我们能够降低太阳能的相关成本，既包括降低太阳能系统和其他能源系统相融合的成本，也包括降低太阳能电力传输的基础设施建设成本，那么太阳能发电将最有潜力成为"无碳电力"。我们强调，包括存储和传输在内的技术障碍都需要攻克，在太阳能被推广使用之前，这些技术将成为现实。美国能够继德国、西班牙和日本之后，成为世界上第四大太阳能使用国。

• 美国应该学习法国，正式通过一个标准蓝图来设计和建设美国未来的核电厂，而不是为每一个选址专门设计一个独特的核电厂。法国的这种做法被证实不仅成本低，而且管理过程简化，还得到了更广泛的认可。

当然，这里面也有一些艰难的项目。

• 在非常大能量的情况下，CO_2 分子的键能够被破坏，这也可作为直接消除 CO_2 的一个新方法。但是大自然早已经为我们提供了一个完美的机制——光合作用，在光合作用中植物利用太阳光来破坏掉 CO_2 中的化学键。当前已经开展了很多重要的研究，例如，如何以二氧化碳为原料利用光合作用来生产经济有用的产品。这些研究都需要支持和鼓励，CO_2 总量控制和交易系统的市场能够使这些项目经济可行。

• 发展基于碳光纤的输电线路技术以及有效的电力存储方法，将能够大幅度减少我们对化石燃料的依赖。无 CO_2 排放的基础负载功率（指满足 24 小时的电力供给的最小电力需求）是电力系统可靠运行的基础，而这些基础负载功率资源来自那些能够产生可靠的电力满足电力需求的电厂。这些电力能够被传输以满足峰值负荷以及电动汽车充电需求。

　　我们在解决气候变化问题方面思想上的改变以及新方法的发展，将比哥本哈根大会上的华丽承诺以及京都议定书的简单效仿更具成效。爱因斯坦曾经给"疯狂"下过定义，即一遍又一遍地狂热地去做同一件事，期待得到不同的结果。迄今为止，我们所有的解决能源和气候变化问题的方法的不断重复或许就是他所说的"疯狂"。

　　我们提议采用的曼哈顿项目方法，具有凝练最好的想法、采用优先综合评估，以及集中公共以及国际科学界成果等优点。这能够得到政府的资助，或者能够得到政府、非政府组织、大学、基金会等组织的联合资助。

8.2　其他政策措施

　　这些基于技术革新的能源生产新方法，能够有效地得到其他政策措施的支持，特别是能效进步政策。例如，近年来世界范围内正在推广用高效的 LED 灯来替换普通发光装置。目前美国有近 70 亿个普通的发光装置，这些发光装置占了电力消费的 23% 左右，约合 23 万兆瓦的电力。假设这些发光装置的效率提高一倍，那么采用 LED 就能够减少 11.5 万兆瓦的电力消费。这些发光装置改造的成本大约合 6 500 亿美元，考虑改造后的节能量、特殊的程序以及当地的电力价格等因素，再造成本可在 2~5 年内收回。

　　另外，还可以启动一个地热制热/制冷项目。在美国，空调消耗的电力约占总电力消耗的 31%，合计 31 万兆瓦。如果采用地热能可以提升 30% 的制热/制冷效率，那么就可以节约电力 9.3 万兆瓦。应该向以色列那样，在全国范围内推行太阳能热水器或定制式热水器，在每一个家庭屋顶上都装一个太阳能热水器，这样既有效又可靠。

　　另外一个制度就是采用 ISO 模式（独立系统运营商）来替代投资

方对资产回报率的要求。这种ISO方法管理全范围的电力系统，更好地平衡了电力系统的高传输可靠性和低成本。例如，位于佛森（Folsom）的一家非营利公共福利机构加州独立系统运营商公司（California Independent System Operator Corporation），对长距离高压输电线进行管理，这些长距离高压输电线承担了加州电网的80%份额，为加州实现清洁能源目标提供了重要的支撑平台。ISO在清洁可再生太阳能、风能、生物质能发电方面，为居民和商家提供了一个全面的市场价格。ISO应该具有批准许可的权利，当房屋或者建筑物执行所需要采取的改进时，只有能效全面满足，才能够实现收益。

　　另外一个行动就是将当前美国联邦政府的税收减免政策用到替代能源的使用上面（包括太阳能热水及空间加热、热电、光伏、风电、生物质、地热发电、燃料电池、地源热泵等），并在提高能效方面实行30%的投资税收减免政策。提高能效比投资太阳能、风能以及生物质能等更具有价格优势，尽管我们在前文中强烈呼吁更广泛地使用和部署太阳能。这个税收减免行动将缩短能效装置的回收期，大大地减少替代能源安装的成本。再者，ISO模式能够帮助承担一部分成本，因为家庭或者工厂这样的小生产商，它们能够将用不完的电力按市场价格卖给电网。能效税收减免的成本将由增加的劳动力工资及税收等构成。

　　当电价在ISO模式下上升时，在分时电价的刺激下，即电价在消费峰值时高而在消费低谷时低，电力需求向低谷时段转移，进而产生了额外的节能。高的电价也将被能效的节能改造所补偿。随着更多的替代能源装机并网售电，在ISO模式下，电价将随市场上的供给和竞争而回落。加州ISO的经验表明，效用首先取决于太阳能、风电、水电和地热等固定资产成本，再根据天然气和煤气化的可变资产成本，满足一天的能源需求。

　　小规模的太阳能、风能和生物质能发电更有效率，它们完全可以修建在电力需求较大的地区，既能够满足大量的电力消耗，又可以避免电力在电网传输过程中的损失（这些损失能够高达10%）。这些损失不仅降低了当地电网的负载，而且又增加了地方纳税人在电网扩充方面的支出。对超额生产的可再生能源发电征收2%到5%的税（例如，无用的能源），能够为维护电网以及必要的电网扩充提供资金。

最重要的行动就是我们将主张在全世界范围内停止燃煤发电。正如我们强调的那样，没有所谓的"清洁煤"，不论工业界多么吹捧这个概念。碳税将在很大程度上帮助中国、美国、欧盟等国家和地区放弃对煤炭的依赖，同时也将促进包括薄膜太阳能板、生物发电技术以及水电系统等更新的技术发挥重要贡献。所有这些利用技术革新减缓温室气体排放的行动早就应该开始了。

总　结

　　廉价充足的易获得石油是我们这个时代文明的基石，但是，这些石油资源正在开始走向枯竭。随着中国、印度、巴西和一些其他新兴国家正在进入小汽车快速发展的阶段，石油需求也将呈现指数增长趋势，可全球石油供给却已经开始下降。同时，大量化石燃料燃烧所产生的二氧化碳排放进一步加速全球变暖——北极地区的冰川和冰盖消失，我们各处的气候系统都发生了巨大的变化。

　　石油的生产和使用具有典型的寡头特征，有几个主要的生产者和非常多的消费者。很多石油开采公司、石油生产国，以及天然气生产国都具有垄断特点。在美国，最大的石油公司破产工作已经取得了一定的成功。

　　60多年前，一位名叫马里恩·金·哈伯特（Marion King Hubbert）的地质学家预测了美国将在20世纪70年代左右石油生产达到峰值。尽管他的观点在当时没有得到认可，但事实证明他的结果是正确的。随着其他地质学家开始关注，他们的预测结果都显示出，全世界将在几十年后面临石油消耗殆尽。尽管他们的预测也受到一定程度的怀疑，但他们提出了十分重要的一点，那就是：我们的真正危机到来的时刻，并不是在我们开采出最后一滴石油的时刻，而是我们达到峰值的时刻——峰值之后我们的石油供给将开始下降——这或许已经发生。

  在充分认识到全球所面临的能源安全威胁之后，我们每个人都必须考虑：石油供给中断的可能性，对天然气增长的依赖，我们与中东地区的关系（石油主要来源），以及可能的主要石油供给损失。这些问题中的每一个都值得研究。